La Nouvelle Vague

La Nouvelle Vague
Portrait d'une jeunesse
Antoine de Baecque

Flammarion

HORAIRE
PERMANENT

1e. *Séance* 14¹⁰

2e *Séance* 16²⁰

3e *Séance* 18²⁰

Séance 20¹⁰

Séance 22²⁰

Sommaire

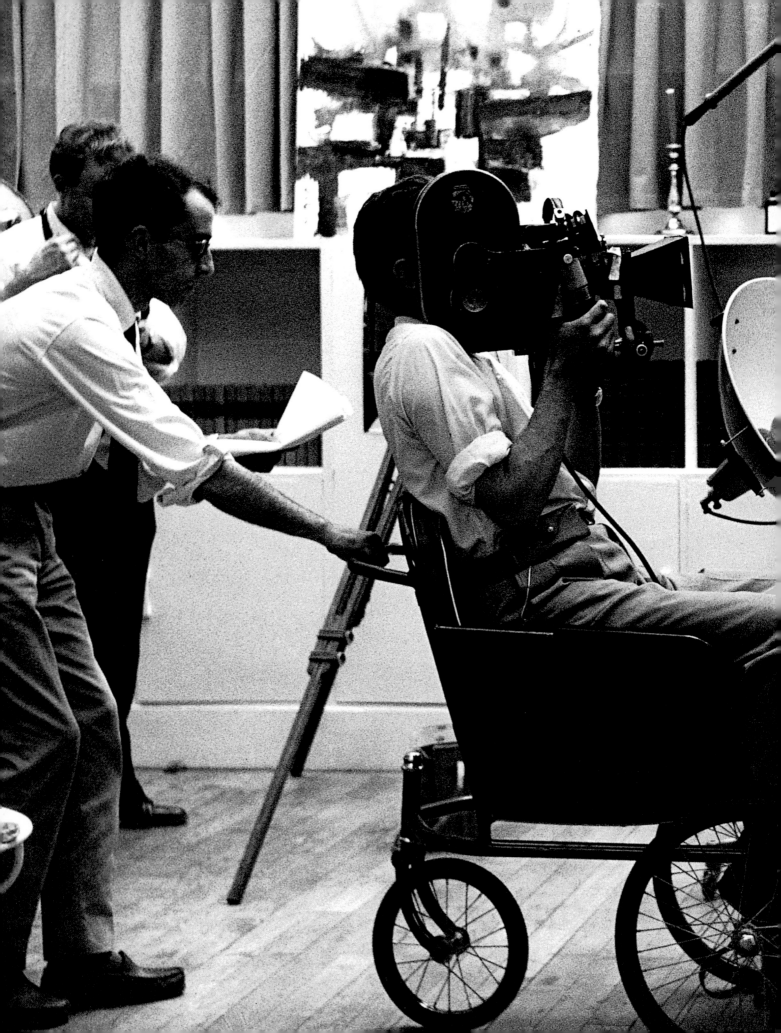

JEAN-PAUL BELMONDO,
.IAS MICHEL POICCARD, TEL QU'IL
PARAÎT AU DÉBUT D'À BOUT
SOUFFLE. CIGARETTE AUX LÈVRES,
MÉE S'ÉCHAPPANT SUR
CRAN : LE GESTE QUOTIDIEN PREND
LEUR MYTHIQUE.

On a beaucoup joué sur les mots.
La Nouvelle Vague ne serait pas si nouvelle et bien trop vague.
Ce n'est pas totalement faux.
La Nouvelle Vague s'est nourrie de références, a eu beaucoup d'ancêtres, et ce ne fut pas le premier mouvement à vouloir jeter bas le cinéma des pères. Quant aux idées qui animaient cette vague, quant aux frontières qui la cernaient, elles étaient et demeurent pour le moins incertaines. Alors ? Encore un de ces groupes qui n'a rien changé et qui s'est dilué aussi vite qu'il est apparu ?

Comment se fait-il, cependant, qu'il nous reste des événements si tranchants et des images si fortes, des icônes, des figures, des gestes, une morale ? Brigitte Bardot provoquant l'écran, en décembre 1956, avec *Et Dieu créa la femme*, le triomphe du jeune Truffaut au festival de Cannes de mai 1959, Belmondo passant le pouce sur ses lèvres dans *À bout de souffle*, « Qu'est-ce que c'est, dégueulasse ? » s'interroge Jean Seberg, « C'est ma mère, m'sieur… Elle est morte… », lance Antoine Doinel, un tournage dans la rue, la démarche d'une jeune femme, un regard vers la caméra, un accent délicieusement scandinave, un homme en polo, pantalon bien coupé, se servant un verre de whisky, un moment volé sur les Champs-Élysées, un disque qui tourne sur un appareil Teppaz… Avec le temps, ces instantanés se sont faits mythologie, pour le meilleur et pour le pire. Des souvenirs, en noir et blanc, guidant encore nos émotions vers le cinéma. Une nostalgie qui a parfois glacé ces images en un culte mortifère du passé.

On peut cependant trouver une nouveauté et une cohérence à la Nouvelle Vague. Elle fut le premier mouvement de cinéma à avoir ainsi stylisé, au présent, dans l'immédiateté de son histoire, le monde dans lequel vivaient ses contemporains.

Elle leur a proposé un univers mis en forme, avec ses rites, ses gestes, ses mots, ses attitudes et ses apparences, et cet univers était celui dans lequel les spectateurs évoluaient au quotidien. Du quotidien dans les films, mais du quotidien retravaillé par un style très personnel. Le cinéma tendait un miroir à la société, il était déformant, mais cela n'avait rien d'exceptionnel. Ce qui l'a été, c'est la force avec laquelle une génération a voulu s'y voir, souvent s'y reconnaître, parfois s'y opposer.

Une génération. Car la Nouvelle Vague est un mouvement de jeunesse. Elle a brusquement redonné un nouveau visage au cinéma français, lorsque, entre 1959 et 1962, près de cent cinquante tout jeunes gens ont fait leurs débuts de metteur en scène, faisant respirer le système jusqu'alors fermé et hiérarchisé de l'industrie cinématographique française. Elle a également filmé la jeunesse, a capté ses habitudes, ses manières de parler, a offert aux jeunes spectateurs de jeunes acteurs incarnant les histoires de jeunes cinéastes. Il s'est passé quelque chose d'unique, une double reconnaissance: une génération de Français – qu'on a appelée « nouvelle vague » dans les journaux, les enquêtes et les magazines – s'est retrouvée à peu près synchrone avec une idée et une pratique du cinéma – qu'on a nommées « Nouvelle Vague ». Seule cette adéquation, presque trop belle, mais éphémère, a pu transformer un moment particulier de l'histoire du cinéma en une mythologie des temps modernes.

Bardot

**Et Dieu créa la femme sort sur les écrans
le 4 décembre 1956. Le film porte bien son nom
car il prend ouvertement le public à témoin**
de la naissance d'une femme, Brigitte Bardot. Cette
apparition donne au film une carrière commerciale
inespérée et fait de Bardot une star. Pourtant, il s'agit
presque d'un film amateur, la première réalisation
d'un jeune homme de vingt-huit ans, Roger Vadim,
financé par un producteur flambeur et aventureux,
Raoul Lévy. Au moment où la France cinématographique pratique encore l'éloge du travail bien fait, où
prime la « qualité », avec ses scénarios rodés, ses
acteurs confirmés, ses cinéastes d'expérience, ses
studios obligés, ce film tourné en quelques semaines,
en extérieur, avec de jeunes acteurs peu connus, fait
figure de phénomène marginal. Juliette Hardy (Brigitte
Bardot) est une jeune fille impulsive, sensuelle,
instinctive, tenue en laisse par ses parents adoptifs.
Elle n'appartient pas encore aux catégories elle n'est
ni vénale ni fatale, c'est une « pécheresse pure », à la
franchise parfois brutale. Sa vérité tient entière dans
sa beauté et son amour de la vie. Dans ce rôle, écrit
selon ses humeurs et sa plastique, Brigitte Bardot
donne tout d'elle-même. Elle y fait l'expérience
de trois hommes, deux frères jeunes et rivaux (les
Tardieu : Antoine, l'aîné, joué par Christian Marquand,
et Michel, le cadet, qu'elle épouse, incarné par Jean-
Louis Trintignant), plus un homme mûr, riche, séducteur (l'armateur Carradine, Curt Jurgens). « Cette fille
rend les hommes fous », dit Carradine. Elle les fait se
combattre, défier les conventions, enfreindre les lois
sociales et familiales.

    L'intérêt du film ne réside pas tant dans cette
histoire assez conventionnelle que dans la relation
qui unit le metteur en scène à son actrice. Roger
Vadim a rencontré Brigitte Bardot en 1950, alors
qu'elle avait quinze ans, l'a épousée trois années plus
tard, et tente depuis lors d'en faire une vedette.
Scénariste, journaliste, jeune homme à la mode et
aux relations nombreuses, il trouve et choisit les
films où sa femme apparaît, écrit ses rôles, décide de
ses tenues, de ses scènes dénudées. En 1955,

Futures Vedettes de Marc Allégret, *La Lumière d'en
face* de Georges Lacombe et *Cette sacrée gamine* de
Michel Boisrond, trois films où Brigitte Bardot tient
l'un des rôles principaux, souvent assez déshabillés,
provoquent un premier frémissement dans la grande
presse. Sur cette lancée, Vadim conçoit Juliette, l'héroïne de *Et Dieu créa la femme*, comme une incarna-
tion de la jeunesse vivante et désirable, insouciante,
comme un corps doté d'une liberté et d'attitudes
radicalement nouvelles. Pour cela, il cherche dans ce
film à se tenir toujours plus près des gestes, des
expressions, des envies et des désirs de son actrice,
proposant une sorte de document où la nature (la
mer, la plage), les vêtements (amples, transparents,
ouverts), l'atmosphère (futile, propice aux danses et
aux sorties) se conjuguent pour souligner la beauté
différente, inédite, de Brigitte Bardot. Vadim se défi-
nit lui-même comme un « ethnologue de la jeune fille
de 1956 » : « La jeune fille d'aujourd'hui, je la connais-
sais bien. Je l'avais devinée et puis exprimée. Je la

faisais vivre et parler sur le papier. À la façon d'un ethnologue, je recherchais cependant le spécimen type. Il existait en effet. Je l'ai trouvé un jour d'été sur la couverture d'un magazine. C'était la jeune fille d'aujourd'hui. Elle avait quinze ans et demi, un visage où la sensualité se mariait à la candeur. Elle s'appelait Brigitte Bardot. Elle faisait de la danse et allait à l'école. Elle avait reçu la meilleure éducation du monde, mais jurait comme un sapeur. »

En décembre 1956 – le film est alors un véritable succès –, Brigitte Bardot est une jeune femme de vingt-deux ans faisant irruption dans un monde de vieux. C'est cette irruption qui choque, car elle est brusque, radicale. La société française ne s'y attendait pas, et son cinéma est loin d'être favorable à la jeunesse. Il s'agit même d'un cinéma antijeune dont les deux grands héros, bourru (Jean Gabin) et collet monté (Pierre Fresnay), dominent assez largement les apparitions trop théâtrales du « jeune » Gérard Philipe. Il faut donc qu'éclate la bombe Bardot, en décembre 1956, pour qu'enfin, sur les écrans, évolue un corps vraiment contemporain des jeunes spectateurs qui le regardent. C'est cela qui fascine et entraîne le succès, y compris auprès des adultes, outrés mais attirés par ce phénomène. Il y a dans le

BRIGITTE BARDOT PENDANT LE TOURNAGE DE *MANINA, LA FILLE SANS VOILE*, EN 1952.

dialogue de *Et Dieu créa la femme* des phrases que seule Bardot pouvait dire et mettre en résonance avec la jeunesse de l'époque, des expressions qui confèrent au film l'émotion des commencements : « J'aime pas dire au revoir », « Je travaille à être heureuse », ou encore « Quel cornichon ce lapin ! »… Les critiques établis, en 1956, n'ont que de vieilles

références en tête lorsqu'il leur faut comparer cette irruption scandaleuse. Ils évoquent l'avènement de Danielle Darrieux en 1935, et l'identification qui joua alors avec une bonne part des jeunes filles françaises, transformant l'actrice, d'emblée, en un mythe d'éternelle jeunesse. Bardot, cependant, n'a que peu à voir avec Danielle Darrieux. D'abord parce qu'elle incarne plus encore la jeunesse, et ce bien avant de se révéler au grand public de cinéma ; ensuite parce que cette jeunesse s'accompagne d'une morale, de comportements qui, de fait, heurtent la société adulte des années cinquante en la niant sur de nombreux points.

Dès 1950, la jeune fille de quinze ans est une des coqueluches des magazines, ornant parfois leurs couvertures. Et dès ce moment, aux yeux des rédactrices de mode et des journalistes, elle incarne la nouveauté. C'est Brigitte Bardot qui, par exemple, suivant une idée de sa mère, lance les « défilés dansés » dans certaines boutiques de mode. De même, Hélène Lazareff, la directrice de *Elle* qui prône une certaine démocratisation de l'élégance et de la séduction, et donc un renouvellement des corps et des apparences, choisit la toute jeune Bardot pour représenter la « mode junior » en couverture du magazine. Il s'agit encore d'une mode sage, avec un petit chignon haut placé, orné d'un nœud de velours, une grande robe bouffante et un petit cardigan, mais avant même le phénomène de la « Baby Doll » lancé en 1956 aux États-Unis par Caroll Baker, une femme incarne, par sa jeunesse, ses tenues et ses poses spécifiques, une rupture dans l'histoire de l'esthétique du corps féminin. Elle impose un style, celui de la « môme malicieuse » : « Ses serre-taille, ses bérets basques, ses marinières et ses chaussures plates de danseuse lui composent une gracieuse silhouette, parisienne, insolite et insolente. » Bardot, dès 1950, tandis que la presse commence à la surnommer « la petite princesse des cover-girls », est un signe avant-coureur d'une mutation de société, ce que ne manque pas de signaler *Paris Match* qui titre « Ce qui va changer en France » son édition du 10 février 1951, où « BB » (le surnom est déjà forgé, désignant un type de femme et protégeant le nom paternel) fait la couverture.

La génération qui s'annonce trouve en BB un symbole que Vadim, dès 1952, cherche à façonner définitivement, à imposer et à exploiter. S'il ne néglige pas sa carrière de mannequin et les magazines (Bardot est une dizaine de fois en couverture de *Elle* avant même la sortie de *Et Dieu créa la femme)*, Vadim comprend très vite que seul le cinéma, médium dominant bénéficiant d'une aura de masse, pourra imposer sa protégée. La première expérience – *Le Trou normand*, avec Bourvil – est décevante. Mais, durant l'été 1952, Bardot tourne *Manina, la fille sans voile* de Willy Rozier, sur une île méditerranéenne. Il s'agit d'une sorte de préfiguration de *Et Dieu créa la femme*, où Manina, jeune femme sauvage, très « nature », joue de la rivalité de deux soupirants. Le film passe relativement inaperçu, mais Vadim poursuit dans cette voie et entraîne Bardot sur les plages de Cannes en mai 1953, à l'occasion du Festival, où elle pose en starlette, avec sa propre personnalité : moins pin-up que décontractée et provocante, imposant avec son simple bikini un corps naturel, innocent et profondément désirable. À la fin du Festival de Cannes, la jeune femme illustre dans *Paris Match* une autre mode dont elle sert immédiatement le succès : l'imperméable porté sur un profond décolleté. Vadim a également trouvé un slogan : « Le rêve impossible des hommes mariés. » L'image de Bardot, dès lors, s'est affirmée : à la femme-enfant elle ajoute le désir, la provocation, ce qu'illustrent ses scènes de nu, à la fois innocentes et très osées (c'est son style inimitable), tournées dans *Futures Vedettes* et, surtout, dans *La Lumière d'en face*.

Ce qu'elle révèle, enfin, c'est une conduite dégagée des préceptes moraux de la société française d'après-guerre touchant la famille, l'amour, la sexualité. La Juliette de *Et Dieu créa la femme* mène cette attitude jusqu'à un point jugé scandaleux par la grande majorité de la presse du moment. « Le conflit qui l'oppose, dans le film, à sa belle-mère, notamment lors du repas de noces, traduit bien la position d'une nouvelle génération par rapport à la morale admise », écrit ainsi Jacques Siclier peu après la sortie de *Et Dieu créa la femme*. Mariée à l'un des frères Tardieu, elle conçoit pourtant sa vie sentimentale et sexuelle suivant une totale liberté. Il ne s'agit pas de tromper l'ennui en trompant un mari, selon le vieux canevas bourgeois de la comédie boulevardière, mais d'affirmer sa personnalité à travers les regards et les désirs que les hommes projettent sur un corps offert, sensuel, souverainement libre. Bardot est une femme pour qui les mots *adultère*, *abandon du domicile*, *fidélité*, *réputation*, n'ont plus aucun sens. Elle n'a plus la notion du péché.

Les réactions offusquées sont innombrables dans la grande presse. Pour *Le Figaro*, Louis Chauvet s'emporte : « Les auteurs ont produit un film par

lequel on espère affrioler un certain public au risque de scandaliser l'autre. Deux fois refusé par la censure, deux fois modifié, le voilà dans sa version définitive. L'avant-garde des caves intellectuelles et l'arrière-garde du conformisme le plus délibérément vulgaire donnent ainsi la main à Brigitte Bardot, coqueluche des collégiens de tous âges. » Simone Dubreuilh, dans *Libération*, est la plus violente, même si elle sent la véritable portée du film : « *Et Dieu créa la femme* exploite impudemment tout ce que l'indécence est en droit de proposer au public sous le couvert de la décence-limite et de la jeunesse. Baignade suggestive, vêtements collés au corps, cuisses ouvertes, peau luisante, cha-cha-cha exaspéré, chute des corps les uns après les autres, lits défaits, pieds nus, soupirs, regards, frénésie, soleil, hébétude, jusqu'à une nuit de noces consommée en plein midi, pendant le repas familial desdites noces ! Le produit obtenu est un hybride assez malsain. Ce ramassis de bestialité intellectuelle recèle pourtant une trouvaille. Une vraie… Et cette trouvaille, c'est la mise au point du mythe naissant de BB. »

Les cinéphiles

Alors que la critique de cinéma établie s'étouffe devant *Et Dieu créa la femme,* **en appelant aux valeurs morales, aux** bonnes mœurs et à la décence, un petit groupe de journalistes considère Bardot comme une révélation, une révolution. Ce groupe commence à défendre le film et l'actrice dans les colonnes où il s'exprime, dans l'hebdomadaire culturel *Arts* et dans une petite revue spécialisée à la couverture jaune, les *Cahiers du cinéma.* L'irruption de Bardot est importante également pour cela : elle marque une rupture en mobilisant les jeunes critiques qui constitueront le noyau de la Nouvelle Vague. Cette génération est contemporaine de Brigitte Bardot et reconnaît en elle la première jeune héroïne « de son temps » du cinéma français. François Truffaut a deux ans de plus que BB, Claude Chabrol et Jean-Luc Godard quatre, Jacques Rivette cinq. Ils se sont forgé une culture en regardant les films d'Alfred Hitchcock, de Fritz Lang ou de Roberto Rossellini, s'enfermant dans les salles obscures de Paris, y vivant, y complotant, polémiquant avec les anciens au grand jour de la presse des années cinquante. On les appelle les cinéphiles. Qui sont-ils ? Des voyous du journalisme ? Des « copains » inaugurant la culture jeune ? Les « gentilshommes de notre temps », selon Éric Rohmer, leur aîné et maître à penser ? Ces questions deviennent d'actualité quelques mois après l'irruption de Brigitte Bardot. Le très classique *Figaro littéraire* propose ainsi à ses lecteurs, sur une pleine page, un reportage au titre évocateur : « Dans les temples clandestins du cinéma d'avant-garde. » Bernard Dort, dans les pages de *France-Observateur,* s'interroge gravement : « Le cinéma est-il une religion ? » Robert Benayoun, toujours dans *France-Observateur,* tente de présenter aux lecteurs les jeunes gens qui fréquentent ces « temples » et pratiquent cette « religion » : « Salut les cinéphiles », titre alors l'hebdomadaire. Le premier à s'être vraiment penché sur ce phénomène cinéphile est sans doute Jacques Laurent. Dans *Arts,* qu'il dirige et qui dès 1954 a accueilli les philippiques de Truffaut puis de ses amis des *Cahiers du cinéma,* Laurent tente de justifier la réputation naissante de ses tout jeunes collaborateurs formés dans et par la cinéphilie. En février 1955, dans un éditorial au grand retentissement, il désigne ce mouvement comme la « critique des catacombes ». Ce texte est important, car il ressemble à une reconnaissance : Truffaut et les cinéphiles y sont élevés par le pape des écrivains hussards au rang d'intellectuels à part entière, mais des intellectuels en révolte, en rupture de ban, des « furieux en état de belligérance ». « Il y a deux sortes de critique de cinéma, constate ainsi Jacques

Laurent. D'abord une critique dont l'enseigne pourrait être "cuisine bourgeoise". Elle est brave fille, désireuse de s'accorder avec les goûts du grand public et pratiquée par des gens pour qui le cinéma n'est pas une religion, mais un passe-temps agréable. Et puis il y a une intelligentsia qui pratique la critique à l'état furieux. Truffaut est un des représentants les plus doués de cette dernière sorte de critique, phénomène récent qu'il faut examiner attentivement. L'intelligentsia dont je parle se croit, ou se veut, en état de belligérance. Qu'elle approuve ou qu'elle condamne, cette critique est furieuse parce que, jugeant les films à travers une éthique et une esthétique qu'elle s'est formée à la Cinémathèque, elle est toujours en état de guerre contre la critique embourgeoisée. Nous avons donc affaire à une critique incomprise, d'où sa hargne. Or, les ciné-clubs, la Cinémathèque lui ont fait un état d'esprit religieux.

PAGES PRÉCÉDENTES : QUI SONT LES CINÉPHILES ?
DES JEUNES GENS QUI VIVENT AVEC LE CINÉMA,
QUI VIVENT DANS LES CINÉMAS. LUC MOULLET, QUI
FUT L'UN DES PLUS MORDUS, L'ILLUSTRE DANS
SON FILM *BRIGITTE ET BRIGITTE* (1965). CE SONT SES
AMIS DES *CAHIERS DU CINÉMA* QUI JOUENT
LES CINÉPHILES DANS SON FILM.

CI-DESSOUS : DANS LES BUREAUX DES *CAHIERS*,
SUR LES CHAMPS-ÉLYSÉES VERS 1959,
CLAUDE CHABROL ET JEAN-LUC GODARD SOUS
LES AUSPICES DES ACTRICES FÉTICHES
ÉPINGLÉES AUX MURS. C'EST LÀ L'ANTRE DE
LA RÉBELLION NOUVELLE VAGUE CONTRE
LE « CINÉMA DE QUALITÉ ».

Ces lieux ont été les catacombes du cinéma, et les jeunes critiques y ont acquis une culture qui les a séparés du commun des fidèles dominicaux. Les schismes sont rarement tolérants. Luther se souciait peu d'être correct, eux aussi. »

En parlant de « catacombes », Jacques Laurent voit juste : une nouvelle Église s'est créée, qui a ses temples, son esprit de communion, et pratique sa culture en contrebande, hors du monde. Les cinéphiles, d'ailleurs, le confient : leur plaisir est lié à l'interdit contourné, à ces ruses de jeunesse qu'il s'agit de conserver, comme un rituel, même lorsqu'elles seront devenues inutiles.

Car la cinéphilie ressemble à une poche de résistance au milieu de la culture du temps : elle s'organise en une société parallèle, définissant un réseau de contre-culture, et possède le goût du secret et d'un trafic de contrebande, prenant la forme d'un journal intime du cinéma peu à peu mais jalousement partagé avec de fidèles initiés.

Le contexte culturel de la Libération est éminemment favorable à la vie cinéphile. Alors, on veut tout voir des films européens mutilés ou censurés d'avant 1940 (*L'Atalante, La Règle du jeu*), on veut rattraper le temps perdu du cinéma américain interdit pendant la guerre, de l'un de ses âges d'or, tout en ne négligeant aucune des sorties importantes qui rythment l'actualité du néoréalisme italien ou du cinéma français. Une géographie du Paris cinéphile de l'époque est plus qu'instructive. Les salles d'exclusivité d'abord : on court à la Pagode, aux Ursulines, au Troyon, au Vendôme, aux Reflets et surtout au Broadway, la salle majeure des « hollywoodophiles. » Mais ce qui fait l'originalité de cette cinéphilie est sans conteste le discours critique qui l'accompagne. On voit des films, beaucoup, on en parle, on en présente les réalisateurs, en personne ou à travers les premières filmographies sérieuses qui traversent les nouvelles revues (*L'Écran français, Cinémonde, La Revue du cinéma*, bientôt les *Cahiers du cinéma* en 1951 et *Positif*, à Lyon, en 1952). Liant la vision au discours, les ciné-clubs apparaissent donc comme les fers de lance de cette culture de cinéma en plein renouvellement. À la fin des années quarante, on n'aurait jamais manqué, par exemple, les « mardis du Studio Parnasse », mettant aux prises les cinéphiles en des débats érudits très accrochés. Le jeudi, ce sont les séances du Ciné-Club du Quartier latin animées par Éric Rohmer, rue Danton, que l'on ne rate pas. Il existe aussi les soirées de gala organisées par Objectif 49, le ciné-club de la nouvelle criti-que où officient André Bazin, Roger Leenhardt et Alexandre Astruc, les trois plumes les plus remarquées du moment.

La cinéphilie produit une culture très particulière. L'apprentissage est érudit, marqué par un nombre impressionnant de visions et revisions de films ou la rédaction de centaines de filmographies précises et fidèles au détail près. Les bancs de l'école, quant à eux, par un étonnant transfert autodidacte, se trouvent métamorphosés en fauteuils d'orchestre, ou, plus souvent encore, en sièges ingrats de salles de quartier où passent quelques séries B hollywoodiennes ou certains péplums italiens. La seule « politique », quant à elle, est la défense acharnée des auteurs élus, ferveur qui demeurera le pilier de l'écriture et des prises de position publiques de la cinéphilie durant ces années : on ne se mobilisera pas, ou peu, contre la guerre d'Algérie, mais « pour la Cinémathèque » dirigée par Henri Langlois, autre temple propre aux jeunes cinéphiles. Aux antipodes des expériences littéraires avant-gardistes du moment (Lettrisme ou Nouveau Roman), l'écriture très classique adoptée par les jeunes cinéphiles porte ainsi aux nues des cinéastes, souvent américains, tels Alfred Hitchcock, Howard Hawks, Fritz Lang, Nicholas Ray, Vincente Minnelli, Robert Aldrich, considérés à l'égal des grands écrivains. En 1950, si les films de Hawks, de Lang, de John Huston, d'Hitchcock sont connus, et leurs vedettes comme leurs histoires largement diffusées par la presse de cinéma à grand tirage, ils ne relèvent pas encore du discours intellectuel. La cinéphilie, en ce sens, n'est pas un culte de l'auteur maudit, de l'artiste rebelle et marginal, mais plutôt un transfert, une captation d'objet : appliquer à des cinéastes œuvrant au cœur du système commercial un regard et des mots auparavant réservés aux artistes de renom. Ainsi, la cinéphilie ne se construit pas contre le spectacle, ni contre les ciné-romans, mais comme une sorte de prolongement intellectualisé de leur action. C'est sa force. Elle ne tient pas le même discours que les magazines grand public, elle revendique un jugement de goût, mais ce choix s'exerce à partir d'un identique corpus de films : le cinéma hollywoodien populaire. Son ennemi irréductible, par contre, est le cinéma français « de qualité », culturellement et littérairement bardé de références et de solides scénarios, qui n'offre aucune prise à cette contre-culture du choix paradoxal, ainsi que ses défenseurs : la profession, la culture du « bon goût » et la gauche anti-américaine. La cinéphilie du moment a ainsi souvent été vue, avec quelques raisons, comme une contre-culture d'amateurs, revendiquant son « mauvais goût », et politiquement provocatrice, donc de droite à un moment où il était mal vu de s'afficher « désengagé » et d'aimer les films américains. On doit surtout y voir à l'œuvre une sorte de dandysme, une *culture de l'écart*, qui cherche une cohérence intellectuelle là où elle ne s'offre pas comme évidente. Éloge du décalé et du mineur qui apparaît en définitive comme la quintessence du comportement cinéphile.

Cet éloge s'exprime d'une façon extrêmement réactive. La polémique est la langue de la cinéphilie, pendant militant, sectaire, de sa soif d'érudition et de connaissance. Ce mouvement de jeunesse est ainsi parcouru de tensions, divisé en chapelles, chaque clan ayant sa revue, son lieu, ses auteurs privilégiés, ses manies et ses repères. L'opposition la plus forte et la plus durable confronte les jeunes Turcs, les « hitchcocko-hawksiens » des *Cahiers du cinéma* aux anarcho-surréalistes de *Positif*. Les seconds traitent volontiers les premiers de « fascistes », de « jésuites », leur reprochant leur culte d'Hitchcock ou de Rossellini, « cinéastes réactionnaires ». Les premiers méprisent souverainement les seconds et leurs cinéastes de chevet, tel John Huston, les jugeant « arriérés », « incultes », « gauchistes » et « paranoïaques ». Cette culture polémique se retourne le plus souvent contre les intellectuels des années cinquante et contre l'académisme officiel. En ce sens, c'est le journal *Arts* qui donne toute sa dimension à l'écriture de la cinéphilie, à la fois tribune virulente et voie d'accès vers un public élargi. En février 1954, à la suite de la publication dans les *Cahiers du cinéma*, le mois précédent, d'« Une certaine tendance du cinéma français », son brûlot contre le cinéma français « de qualité », l'hebdomadaire engage François Truffaut, le plus violent et le plus brillant des jeunes Turcs. C'est là, dans les colonnes très suivies de l'hebdomadaire culturel, que le jeune critique peut transformer ses « coups » en une « prise de pouvoir ». Car le cinéphile y trouve un journal à sa convenance : polémique, n'hésitant jamais à attaquer les intellectuels de gauche, un journal qu'on dit « hussard », c'est-à-dire proche d'écrivains de droite, brillants, tels Jacques Laurent, son directeur, Roger Nimier, le « hussard bleu », Antoine Blondin, ou certains anciens, parfois proscrits par l'épuration, André Fraigneau, Marcel Jouhandeau, Jacques Chardonne, Lucien Rebatet… Truffaut et, à sa suite, les autres jeunes Turcs entendent y mener ce qu'ils nomment très vite leurs « campagnes de presse ». Ils inaugurent, de fait, une

C OMMENT CETTE IMAGE DE *MONIKA* A CIRCULÉ DANS LA NOUVELLE VAGUE. TIRÉE DU FILM D'INGMAR BERGMAN, ELLE EST EN COUVERTURE DES *CAHIERS DU CINÉMA*, À L'OCCASION D'UN ÉLOGE DE JEAN-LUC GODARD (« BERGMANORAMA »), PUIS PASSE DANS *LES QUATRE CENTS COUPS* DE FRANÇOIS TRUFFAUT, OÙ DOINEL ET SON COPAIN LA VOLENT DANS UNE VITRINE DE CINÉMA.

manière nouvelle d'intervenir sur la scène cinéphile, franche, directe, violente, presque inquisitoriale fondée sur un jugement de goût toujours circonstancié mais souvent provocateur et mordant, prenant le risque de l'injustice – manière qui choque les milieux critiques du temps. À partir de 1956, lorsque Truffaut grâce à une popularité vite établie auprès des lecteurs, parvient à imposer des articles en première page d'*Arts*, les « jeunes furieux » s'emparent des gros titres de l'hebdomadaire. Avec un sens certain du spectaculaire journalistique, des titres à scandale composés en gros caractères attirent l'attention des lecteurs sur la progressive dégénérescence de

l'école française : par exemple, un « Vous êtes tous témoins de ce procès : le cinéma français crève sous de fausses légendes », publié le 15 mai 1957 à l'occasion du numéro spécial « qui dit sévèrement toute la vérité sur les hommes et les méthodes du cinéma français »…

Cette manière d'en appeler au peuple (des lecteurs) pour trancher un différend, pour décider de l'issue d'un combat polémique, n'est pas sans rapport avec les pratiques politiques du temps : en cette fin de IVe République déconsidérée, l'appel au peuple face aux politiciens est un des thèmes les plus populaires, bientôt repris par tous les partis contesta-taires, à gauche comme à droite, communiste et poujadiste, puis illustré par la prise du pouvoir par le général de Gaulle. À la fin des années cinquante, la cinéphilie est donc une véritable école parallèle. Une vingtaine de revues de cinéma ont fait leur apparition, élargissant le public des « mordus du cinéma », des « gloutons optiques », ce public qui profite également de l'implantation d'un réseau de plus en plus serré de ciné-clubs et de la multiplication des salles dites « de répertoire » en province. Les tirages cumulés de ces revues, soit 122 440 exemplaires, ainsi que leur nombre total d'abonnés, 30 840, soulignent avec force l'épanouissement du cercle cinéphile.

Brigitte et les jeunes Turcs

**Les jeunes Turcs volent au secours
de Brigitte Bardot lorsqu'elle est attaquée en
décembre 1956, car ils voient en elle**
un signe important de renouveau, une autre manière
de concevoir la vie et le cinéma. En effet, dans *Et
Dieu créa la femme*, un corps réel est montré. Il est,
d'un coup, visible. Quatre ans auparavant, Harriett
Andersson dans *Monika*, suivant un mode d'apparition à peu près semblable, n'avait pas vraiment été
« vue ». Le film de Bergman avait fait scandale,
la nudité et la liberté de son actrice avaient certes
rencontré une audience. Mais, sur le moment, *Monika*
avait été rangé du côté des « excentricités érotiques
nordiques » et non compris comme le manifeste
moderne d'une nouvelle liberté au cinéma. Ce n'est
qu'après la vision de Bardot dans *Et Dieu créa la
femme* que *Monika* a été revu et compris comme
le signe annonciateur d'un bouleversement. Par Jean-
Luc Godard, par exemple, qui s'interroge alors dans
les *Cahiers du cinéma* : « Comment avons-nous pu
être ainsi aveuglés ? Ce film portait à son apogée
cette renaissance du jeune cinéma moderne dont un
Fellini en Italie, un Aldrich à Hollywood et un Vadim
en France se faisaient les grands prêtres. En effet,
Monika c'est déjà *Et Dieu créa la femme*, mais réussi
de façon géniale, sans une faute, sans un accroc,
d'une lucidité totale tant en ce qui concerne la
construction dramatique et morale que sa mise en
valeur, autrement dit, la mise en scène des corps. »

En 1953, Truffaut n'avait pas davantage compris
l'importance de *Monika*. Le jeune critique, comme la
plupart de ses contemporains, est alors sous l'em-
prise de Marilyn Monroe : la beauté de la femme est
sophistiquée, suggestive, policée par le rigoureux
code de censure hollywoodien qu'elle respecte
et contourne dans le même temps. Et Truffaut, se
proclamant ouvertement « érotomane », admire chez
Marilyn la virtuosité d'une composition qui semble

aux antipodes du corps libre et contemporain de la
Juliette de *Et Dieu créa la femme*. Le critique ne
pouvait pas « voir » *Monika*, rangé avec mépris du
côté de la nudité explicite et vulgaire. Les premières
apparitions de Bardot, d'ailleurs, n'attirent pas davantage les jeunes critiques. Truffaut – toujours lui – est
extrêmement sévère dans *Arts*, en 1955, à l'égard
des scènes de nu de *La Lumière d'en face* : « Du film
tout est dit si je le compare à un conte grivois de
Paris-Hollywood ; elle se déshabille devant sa fenêtre,
la lumière (d'en face) éclaire par transparence sa
chemise de nylon ; au lit, où ne la rejoint pas son mari
malade, elle s'agite. Le lendemain, elle se baigne,
nue, et ne sait pas qu'on la voit ; comme elle grimpe
derrière la moto elle montre ses genoux. Sur une
chaise, pour accrocher je ne sais quoi, ses jambes se
laissent voir. On a le droit de parler ici de pornogra-
phie et de s'interroger sur la complicité indulgente de
la commission de censure. » Quelques mois plus
tard, le même critique est au contraire conquis par
Bardot. Une mutation du désir, ou une révélation, fait
brusquement voir et comprendre le corps de BB. En
si peu de temps, la figure féminine est passée de
Marilyn à Bardot. Dans cet écart se tient une part du
mystère de l'avènement et de l'éclosion soudaine de
la Nouvelle Vague.

Brigitte Bardot a ainsi été « adoptée » par les
futurs cinéastes de la Nouvelle Vague, les jeunes
Turcs d'*Arts* et des *Cahiers*. Ils voient en elle le
monde : le réel désertant de plus en plus les films
des studios parisiens. Alors qu'elle est prise à parti
par la presse, au nom d'une morale et d'une esthétique de la « jeune première » traditionnelle qu'elle
met en péril par le scandale de sa nudité, de sa voix et
de ses gestes, Truffaut se sent obligé de la défendre

dans *Arts* et d'expliquer ce qu'il voit sur ce corps. L'affaire fait même grand bruit, car elle s'étale à la une de l'hebdomadaire le 12 décembre 1956 : « Les critiques de cinéma sont misogynes. BB est victime d'une cabale », titre *Arts*. Le critique écrit ensuite qu'il a vu sur l'écran non pas un scandale mais un corps de femme de son temps, qu'il a lu, pour la première fois, le journal intime des gestes et des désirs d'une Française de 1956 : « Pour ma part, après avoir vu trois mille films en dix ans, je ne puis plus supporter les scènes d'amour mièvres et mensongères du cinéma hollywoodien, crasseuses, grivoises et non moins truquées des films français. C'est pourquoi je remercie Vadim d'avoir dirigé sa jeune femme en lui faisant refaire devant l'objectif les gestes de tous les jours, gestes anodins comme jouer avec sa sandale ou moins anodins comme faire l'amour en plein jour, eh oui !, mais tout aussi réels. Au lieu d'imiter les autres films, Vadim a voulu oublier le cinéma pour "copier la vie", l'intimité vraie, et, à l'exception de deux ou trois fins de scène un peu complaisantes, il a parfaitement atteint son but. »

Cette prise de position, assez isolée et provocatrice dans le milieu critique, touche beaucoup la jeune actrice qui, dès le lendemain, fait parvenir au jeune homme un mot timide et reconnaissant : « Cher M. Truffaut, j'ai été infiniment touchée par votre article publié dans *Arts*, il m'a encouragée et je vous en remercie de tout cœur. » Soutenant *Et Dieu créa la femme* comme un « film documentaire » sur une femme, sur « une femme de [sa] génération », Truffaut considère désormais Brigitte Bardot à l'égal de James Dean : une *présence* naturelle qui rend la plupart des autres personnages irréalistes. Ainsi, de même que James Dean – dans l'esprit de Truffaut – condamnait Gérard Philipe à la grimace de l'acteur théâtral, BB relègue par ses apparitions « Edwige Feuillère, Françoise Rosay, Gaby Morlay, Betsy Blair, et tous les premiers prix d'interprétation du monde » au rang de « mannequins vieillots ».

La découverte conjointe de Vadim et de Bardot a été primordiale dans l'esprit des jeunes Turcs. Il ne faut pas voir là une influence directe et littérale, mais plutôt une prise de conscience : la vision d'un corps moderne, l'écoute de la diction anticonformiste de Bardot, la présence de la nature pendant plus de la moitié du film ont révélé un cinéma que la qualité française cachait sous l'adaptation en costumes, la psychologie, le « bon » jeu, les « belles » lumières ou les pseudo-films à thèses. Plus qu'un « auteur », Vadim apparaît comme un phénomène, *un révélateur*

de crise : lui seul filme une femme de 1956, alors que les autres filment vingt ans en arrière. En avril 1957, *Sait-on jamais*, le deuxième film de Roger Vadim, est d'ailleurs en couverture des *Cahiers du cinéma*, accompagné de cette légende : « Nos lecteurs savent l'importance que nous attachons à *Et Dieu créa la femme...* » ; puis en juillet, toujours dans les *Cahiers*, la critique de Jean-Luc Godard reconnaît le caractère décisif du phénomène : « Roger Vadim est "dans le coup". C'est entendu. Ses confrères, pour la plupart, tournent encore "à vide". C'est entendu aussi. Mais il faut néanmoins admirer Vadim de ce qu'il fait enfin avec naturel ce qui devrait être depuis longtemps l'ABC du cinéma français. Quoi de plus naturel, en vérité, que de *respirer l'air du temps* ? Ainsi, inutile de féliciter Vadim d'être en avance car il se trouve seulement que si tous les autres sont en retard, lui, en revanche, est à l'heure juste. »

Être « à l'heure juste », c'est filmer le Paris de 1957 en 1957. Quelques mois plus tard, les jeunes critiques descendront des caméras dans la rue, les monteront dans d'étroits escaliers pour filmer de vrais appartements, oublieront le lourd matériel sonore pour pratiquer en urgence une postsynchronisation légère et économique. Ce réalisme, hautement revendiqué par la Nouvelle Vague, s'apparente à une révolution technique – au sens d'un retour vers un cinéma plus primitif –, mais a été conceptuellement préparé par la révélation de *Et Dieu créa la femme*. Ce corps de femme a non seulement « décrédibilisé » d'un coup tout un pan du cinéma des années cinquante, mais il ressurgit dans le cinéma de la Nouvelle Vague grâce à la... Brigitte Bardot du *Mépris* qui, au cours de la séquence postgénérique, détaille son corps, dit-elle avec sa voix si particulière, de la pointe des pieds à la pointe des seins. C'est au nom de ce réalisme des attitudes et des manières que Jean-Luc Godard peut s'exclamer dans les colonnes d'*Arts*, en avril 1959, prenant violemment à parti les anciens cinéastes de la qualité française : « Vos mouvements d'appareils sont laids parce que vos sujets sont mauvais, vos acteurs jouent mal parce que vos dialogues sont nuls, en un mot, vous ne savez pas faire de cinéma parce que vous ne savez plus ce que c'est. [...] Nous ne pouvons pas vous pardonner de n'avoir jamais filmé des filles comme nous les aimons, des garçons comme nous les croisons tous les jours, des parents comme nous les méprisons ou les admirons, des enfants comme ils nous étonnent ou nous laissent indifférents, bref, les choses telles qu'elles sont. »

Le mal des jeunes

Ce que Brigitte Bardot rend visible n'est pas seulement un corps troublant et libre, une morale affranchie des conventions, c'est aussi une jeunesse, une nouvelle génération, ce que les éditorialistes, les journalistes, les professeurs ont déjà nommé un « problème », un « mal », une « crise ». « Le fait est entendu : nous sommes au siècle de la jeunesse, peut-on lire par exemple en première page du *Monde* sous la plume d'un universitaire quelques jours après la sortie de *Et Dieu créa la femme*. Tout l'exprime : depuis les mouvements de jeunesse jusqu'au flot croissant des élèves aux portes des écoles et des facultés, trop étroites. Deux évolutions d'ordre très différent accordent leurs effets : *l'accélération de l'histoire*, d'une part, polarise les regards vers l'avenir ; et *la montée démographique*, d'autre part, aggrave dans la balance des âges le poids de la jeunesse. Il est au surplus très significatif que la jeunesse – comme naguère la classe ouvrière – s'efforce de prendre conscience d'elle-même ; si elle ne va pas jusqu'à prétendre constituer des "gouvernements d'étudiants", du moins cherche-t-elle à se faire entendre de l'opinion et des pouvoirs publics. Reste à savoir ce qu'elle pense et ce qu'elle ressent. Quelle est sa mentalité ? Et quel est indiscutablement son malaise ? »

Au milieu des années cinquante, les jeunes Français de quinze à vingt-neuf ans sont à la fois plus nombreux, presque huit millions, et, du fait du vieillissement général de la population, moins massivement présents dans la société (un Français sur six) que quelques décennies auparavant. Ces données ont transformé la condition de la jeunesse. Il est par exemple beaucoup plus difficile d'accéder rapidement aux postes de responsabilité et d'initiative. Cette situation crée une tension encore accrue du fait que la démocratisation progressive de l'instruction a multiplié le nombre des jeunes gens qui pourraient accéder aux responsabilités. La jeunesse, qui auparavant correspondait à une phase initiatique relativement rapide, acquiert donc une durée et un poids importants. Désormais, on devient jeune plus tôt – l'évolution des mœurs et des mentalités le commande – et on le reste plus tard. La jeunesse s'impose donc comme « problème » d'abord parce

qu'elle existe davantage. De plus, la société des années cinquante, moralement guindée, toute laborieuse, politiquement déconfite, ne présente pas son meilleur visage à une jeunesse qui doit patienter. Inversement, la société des adultes, à la fin des années cinquante, s'interroge sur l'avènement d'une nouvelle génération de jeunes Français, âgés de quinze à trente ans, avec leurs préoccupations, leurs modes de vie, leurs mots et leur culture. Cet avènement ne va pas sans poser problème à une génération qui a souffert pendant la guerre, qui a combattu, parfois résisté, du moins survécu, qui est sortie de l'épreuve grandie ou au contraire culpabilisée, puis a participé à la remise en marche du pays, souvent au prix de sacrifices et de lourds travaux, mais portée par un sentiment d'utilité collective. Cette génération adulte a été marquée par l'histoire, l'a vécue aux premières loges. Et la suivante ? François Nourissier, dans un pamphlet antijeune, *Les Chiens à fouetter*, n'a pas hésité à y reconnaître le spectre de la démobilisation, du décervelage et de la futilité. Portrait d'une jeunesse qui aurait manqué d'avoir souffert : « Voici que se lève, immense, bien nourrie, ignorante en histoire, opulente, réaliste, la cohorte dépolitisée et dédramatisée des Français de moins de vingt ans. »

C'est à ce moment que la jeunesse, phénomène en grande partie « introuvable », prend une représentation importante dans la société. Quelle autre catégorie humaine peut se prévaloir d'une visibilité sociale et médiatique semblable à celle qu'a connue la jeunesse à cet instant précis ? Les livres, les enquêtes, les films, les articles, les études, les émissions se multiplient pour constituer une représentation de la jeunesse qui, parfois, s'est superposée aux pratiques juvéniles, les révélant autant que les masquant, ou les provoquant. Mais paradoxalement, plus la jeunesse semble être partout dans les représentations de la société, plus elle semble introuvable et difficile à définir. Roland Barthes définissait alors cette catégorie comme un « mana », c'est-à-dire une « forme difforme, sans forme, susceptible de prendre toutes les formes ». Entre les stéréotypes, les clichés, les images de l'opinion publique, et ce que révèlent les enquêtes et les études, il est souvent difficile et délicat de faire le tri. Et encore plus délicat et difficile de brosser un portrait cohérent et fiable de « la jeunesse ». Peut-être parce qu'elle n'existe que comme catégorie commode et unifiante. Il faudra donc toujours se méfier du discours, des goûts, des actions, des rêves ou des craintes qu'on lui prête, puisque cette jeunesse se voit très régulièrement attribuer des angoisses qui lui sont extérieures. En un mot, ou plutôt une expression : cette jeunesse représentée est largement une jeunesse introuvable, c'est une construction sociale et culturelle. Certains, comme Pierre Bourdieu, ont parlé à propos de cette catégorie juvénile de « manipulation », de masque et de duperie, comme si la jeunesse cachait autant qu'elle révélait un état social. Toute cette mise en garde est nécessaire, car elle doit nous conduire à ne pas être naïf : notre première tâche consiste à décrypter la construction d'une catégorie de discours et d'une représentation largement stratégique, afin d'échapper au leurre de l'étude de la jeunesse pour elle-même qui nous ferait prendre pour argent comptant tout ce qui se dit, se filme et s'écrit sur elle. Sur le versant positif, la jeunesse est synonyme de progrès ; sur le versant négatif, elle relèverait du danger. Dans les deux cas, les représentations jouent sur des stéréotypes dont il faut être conscient. Il s'agit donc d'être vigilant, mieux encore : critique.

Si la jeunesse existe désormais plus qu'auparavant, à la fois comme groupe démographique et comme génération historique, elle vaut surtout, aux yeux de la société, par ses « problèmes ». Ceux-ci ont des caractéristiques récurrentes que ne manque pas de rapporter la presse à ses lecteurs. Il s'agit tout d'abord d'une identité communautaire, groupusculaire. Puisque l'initiation au monde des adultes est sans cesse repoussée, le réflexe grégaire des jeunes gens fonctionne comme une défense et une protection. Les « mouvements de jeunesse », florissants depuis la fin des années trente, jouent ce rôle, occupant le spectre large des confessions, des idéologies ou des métiers : jeunesses chrétiennes, communistes, socialistes, ouvrières, paysannes, étudiantes… Mais cette morale et ce réflexe communautaires dépassent le cadre assez traditionnel de ces mouvements : la cinéphilie, on l'a vu, ou encore les regroupements par passion vestimentaire, musicale, toute une série de modes de vie parallèles, quasi exclusifs les uns des autres et repliés sur eux-mêmes, se font jour et interrogent gravement les sociologues, les

journalistes et les politiques. Seconde caractéristique pointée par la presse, à la fois complémentaire et contradictoire, la jeunesse semble aussi marquée par son désengagement de la vie civile et civique, « cette sorte d'absentéisme qui se développe à l'égard des difficultés et des crises de la nation ». Individualisme, perte des valeurs nationales, désintérêt pour la politique, tout cela constitue une manière de révolte passive face à la France des années cinquante, doublant souvent l'effort actif, conscient, revendiqué, que représente l'adhésion à un mouvement de jeunesse ou le partage communautaire d'une passion.

Ce mal-être des jeunes, expliqué démographiquement et historiquement, caractérisé par la passion du groupe et l'absentéisme civique, se manifeste suivant plusieurs symptômes que, là encore, les journaux n'oublient pas de pointer. Dans les articles de presse consacrés à ce problème entre 1957 et 1959, ces signes de crise donnent forme à ce que l'on pourrait nommer la « grande peur de la jeunesse ». Le plus explicite est la crainte d'un « soulèvement de la jeunesse. » Au début des années cinquante, un groupe mené par Isidore Isou, auteur du *Manifeste de la jeunesse*, s'était explicitement donné le nom de « Soulèvement », se présentant comme le rassemblement de tous les jeunes gens insatisfaits de leur existence présente, « ne coïncidant pas encore avec leur fonction » et « maintenus hors des cadres et des organisations adultes ». Si ce manifeste n'a pas trouvé d'écho immédiat en France, beaucoup s'inquiètent des manifestations spontanées de jeunes qui éclatent un peu partout dans les grandes villes du monde, à New York, à Budapest, à Sydney, à Londres, la plus connue étant celle qui, au cours de l'hiver 1957, eut lieu à Stockholm. Là, sans motifs apparents, des milliers de jeunes s'agglutinèrent, détruisant des biens, des bâtiments, des voitures, et insultant tous les adultes passant à leur portée, révélant subitement leur rejet de l'ordre existant et leur désir d'union.

Un autre de ces signes de malaise et d'inquiétude, spécifiquement français, se trouve lié aux réactions des jeunes gens face aux « événements d'Algérie ». La guerre d'Algérie fait rage depuis 1954 et les jeunes Français sont de plus en plus massivement mobilisés (vingt-huit mois de service militaire) par l'armée à la fin des années cinquante. Dès lors, les cas de refus et de désertion sont préoccupants. Bientôt, les dirigeants de cinquante mouvements de jeunesse, allant des Scouts de France à la Ligue de l'enseignement, proclamant leur fidélité au manifeste du 8 août 1958 – « Former des êtres libres, des citoyens conscients, des jeunes solidaires et fraternels » –, expriment leur volonté de voir cesser la guerre d'Algérie. Ce texte souligne les « conséquences morales du conflit qui s'éternise, jetant le trouble sur l'ensemble de la jeunesse, plaçant les jeunes appelés dans un climat extrêmement défavorable à l'initiative et aux responsabilités ». La guerre d'Algérie s'apparente à un conflit colonial et politique, mais aussi « générationnel » : ce sont les jeunes qui font la « sale guerre » des adultes, à leur demande et sous leurs ordres. Une enquête de 1957 indique que la question algérienne inquiète particulièrement les jeunes : ils sont 28 %, parmi les jeunes Français, à penser qu'il s'agit du problème national numéro un. C'est d'autant plus frappant que les jeunes semblent, d'après la même enquête, assez largement dépolitisés. Comme l'écrit Jean-Marie Domenach dans *L'Express*, le 29 mars 1957, « cette guerre est pour trop de jeunes la plus affreuse des initiations à la vie, celle qui passe par la violence sans limites et sans but ». La guerre d'Algérie est ainsi analysée comme une violence faite à la jeunesse, et il faut de plus en plus s'attendre à un retour de bâton sous forme de révoltes et de rébellions.

La violence renvoyée par la jeunesse vers le monde des adultes et ses institutions sociales ou politiques ne se manifeste cependant pas sur le terrain algérien avant la vague des attentats OAS, ouvertement pro-Algérie française, souvent réalisés par de très jeunes gens encadrés par les dirigeants clandestins du mouvement. En revanche, cette violence est de plus en plus explicite au sein même de la société française sous la forme d'une recrudescence de la délinquance juvénile. Ce phénomène occupe massivement les pages des journaux depuis le milieu des années cinquante et s'enfle encore en 1958 et 1959 avec l'apparition des bandes de « blousons noirs ». Récits des attaques de jeunes gens armés de chaînes de vélo contre des touristes ou des passants, bagarres entre bandes rivales, descentes de police et arrestations de plusieurs dizaines de « jeunes dévoyés », reportages sur la vie au sein d'une « bande de voyous », ces articles se multiplient, notamment au cours de l'été 1959 que *Le Monde* qualifie d'« été des blousons noirs ». « Les méfaits spectaculaires des blousons noirs, conclut le docteur Escoffier-Lambiotte dans une série d'articles consacrée au sujet, ne sont que des manifestations extrêmes d'un "mal de la jeunesse", d'un des fléaux de notre temps dont peu de gens mesurent la gravité

et l'étendue. » L'image du « blouson noir » menaçant surgit pendant l'été 1959, sonnant l'alarme dans la société des adultes. Le rôle joué par le cinéma dans la propagation de cette mythologie est essentiel. D'abord parce qu'on le rend en partie responsable de l'apparition du phénomène : les films, notamment américains (*L'Équipée sauvage* avec Brando, *La Fureur de vivre* avec James Dean) auraient proposé des modèles de violence que les jeunes gens de France se seraient empressés d'imiter. Ensuite, le cinéma français aurait « mythifié » le mauvais garçon en lui conférant aura et prestige : Alain Delon dans *Mélodie en sous-sol*, Johnny Halliday dans *D'où viens-tu Johnny ?*, ou les protagonistes de *Sois belle et tais-toi*, *Asphalte*, *Terrain vague*, *Cent briques et des tuiles*, *Les Cœurs verts*, *La Rage au poing*,… Il s'agit d'un véritable genre au début des années soixante, mode qui témoigne des fantasmes que les regroupements de jeunes gens engendrent. Même si le phénomène fait long feu, et disparaît assez vite après le milieu de la décennie, il n'en aura pas moins été porteur de cette « grande peur » suscitée chez les adultes, les médias, les autorités, lorsque la violence viendrait aux jeunes.

Mis en demeure de répondre à cette succession de symptômes d'une crise de la jeunesse, les pouvoirs publics finissent par réagir. En 1958, le général de Gaulle, à peine arrivé au pouvoir, crée le haut commissariat à la Jeunesse et aux Sports, mission qu'il confie à un proche, Maurice Herzog, le président du Club alpin français, auréolé par la conquête de l'Annapurna à la tête d'une équipe française qu'il dirigeait. Herzog met en place une action qu'il veut énergique de soutien aux initiatives prises par les mouvements, les associations et les groupements de jeunesse. Cette action est d'autant plus nécessaire que son jugement est alarmiste : « La jeunesse actuelle, précise-t-il au cours de son premier point de presse, en octobre 1958, se caractérise par son instabilité, sa lucidité, son isolement moral et son tourment permanent. L'esprit qui anime la jeunesse a subi une dégradation civique grave durant ces dernières années. Condamnant et méprisant les mœurs politiques, elle s'est réfugiée dans l'abstention ou les excès. » La création de ce haut commissariat et les premières missions que lui donne Maurice Herzog ne font que confirmer les impressions de l'opinion publique : la jeunesse existe comme problème majeur de la société française. Il s'agit donc de mieux la connaître et de comprendre ses expressions si particulières.

Les adultes mènent l'enquête

La prise de conscience de l'existence d'une identité propre à la jeunesse est l'occasion d'une série d'enquêtes, nombreuses, détaillées, approfondies, au point que l'on peut parler d'un véritable genre possédant ses spécialistes : journalistes, universitaires ou littéraires, bientôt les cinéastes eux-mêmes. Entre 1957 et 1960, journaux, revues, livres, les accueillent à foison. Le mouvement est lancé en mars 1955 par la revue *La Nef*, qui publie un numéro spécial intitulé « Jeunesse, qui es-tu ? ». Puis, en cinq ans, près d'une trentaine d'enquêtes nationales se succèdent. On trouve également des travaux plus spécialisés, traitant d'un comportement précis : la vie sexuelle des jeunes, leur croyance en Dieu, leurs « rêves », leurs goûts culturels, leur civisme, et surtout leurs comportements asociaux ou délinquants. Tout est passé au crible. Deux universitaires marquent particulièrement les esprits : Alfred Sauvy, le directeur de l'Institut national d'études démographiques, et Edgar Morin, sociologue et chercheur au CNRS. Le premier, économiste et démographe, a multiplié les études sur la génération des quinze-trente ans, permettant de mieux cerner leur nombre, leur identité et leurs aspirations. Ces travaux, chiffrés, et les commentaires de Sauvy, souvent alarmistes, font autorité et nourrissent les dossiers de journaux et revues. Alfred Sauvy publie une synthèse sur le sujet au début de l'année 1959, *La Montée des jeunes*, qui rencontre un certain succès éditorial.

Le second tente de comprendre et de décrire les comportements et les croyances quotidiennes des jeunes Français, travaillant notamment sur leurs loisirs et leur culture. Il met par exemple en avant le « modèle cinématographique » qui « permet à l'adolescence de se reconnaître et de s'affirmer ». L'identification à James Dean, à Bardot, est une manière, pour une jeunesse abandonnée à elle-même, de se regrouper et de s'initier, de « trouver toute seule les clés du monde adulte ». Morin souligne également le rôle de « l'identité vestimentaire » dans l'affirmation nouvelle de la jeunesse : « La nouvelle classe d'âge se constitue une panoplie à partir d'un détournement des tenues plus adultes, costumes portés de façon négligée, introduction du polo, cravates plus colorées, pantalons plus décontractés… C'est un mode de vie qui gagne peu à peu la jeunesse et transforme les habitudes. » Il s'intéresse en outre à l'esprit des jeunes gens, où il voit « une grande tristesse et un immense ennui ». Il lit dans cette mélancolie la mentalité d'une génération venant « après la bataille », « après l'histoire », mais contemporaine de la bombe atomique, de la « destruction possible et immédiate du monde ». Dans ces sociétés, poursuit-il, les jeunes s'ennuient, et réagissent par un « repliement sur soi individuel ou de classe d'âge », par un scepticisme généralisé, ce qu'on a pu appeler « nihilisme ». Enfin, le sociologue étudie le discours amoureux et les pratiques sexuelles de la jeunesse, caractérisés pour lui par deux évolutions majeures. D'une part, l'affaiblissement des tabous sexuels (perte de valeur de la virginité, de la fidélité, précocité des premiers

LA JEUNESSE EST SUR LE DEVANT DE LA SCÈNE. LES ADULTES S'INTERROGENT : QUI SONT CES JEUNES GENS ? LEURS LIEUX, LEURS MANIÈRES, LEURS HABITUDES, LEURS APPARENCES SONT DISSÉQUÉS, AU POINT QUE CETTE IMAGE DE *MASCULIN FÉMININ* DE GODARD, FILM ENQUÊTE PAR EXCELLENCE, FAIT FIGURE D'EXEMPLE. LES FILMS EUX-MÊMES INTÈGRENT CETTE INTERROGATION OBSESSIONNELLE.

rapports), d'autre part le rôle de plus en plus important de l'amour-passion dans la vie sentimentale. La conjonction de l'affaiblissement des tabous sexuels et de l'accroissement du rôle de l'amour a pour résultat de détruire pratiquement la croyance en l'« amour-unique-d'une-vie » au profit d'une multiplication d'amours « uniques » qui se succèdent dans la vie. « Ainsi, c'est par surabondance d'amour que l'amour se transforme en un sentiment passager, conclut-il. Il peut demeurer extraordinairement violent, mais comme un orage. Tout s'oublie et tout recommence. » Morin publie ses travaux dans la revue qu'il vient de créer, *Arguments*, et dans quelques livres qui font date : *Le Cinéma ou l'Homme imaginaire* en 1956, aux Éditions de Minuit, *Les Stars…* au Seuil, en 1957, *L'Esprit du temps, essai sur la culture de masse*, en 1962 aux Éditions Grasset, et dans le film *Chronique d'un été*, en 1961.

Le relais est assez vite pris par les journaux et les hebdomadaires de la grande presse, qui mettent sur pied leurs propres enquêtes à coup de reportages, de sondages, de questionnaires, d'appels à témoignages. *Le Figaro* se penche par exemple sur « la jeunesse et l'amour », *La Croix* sur « la violence des jeunes », *Paris Jour* sur « l'influence du mode de vie américain. » Lancées en 1957, les trois enquêtes les plus retentissantes paraissent dans *Les Nouvelles littéraires*, *Arts* puis *L'Express*. La première est menée par Henri Perruchot, publiée entre janvier et

septembre 1957 en une série d'articles, puis réunie en un livre chez Hachette sous le titre *La France et sa jeunesse*. Décliné en chapitres successifs, « L'amour », « La vie professionnelle », « Les revendications », « Les arts », « Les distractions », « Les lectures », « Les modèles », l'ensemble aboutit à une conclusion générale où s'esquisse un portrait de groupe : « La jeunesse se juge seule, sans appui. Il est vrai qu'elle a pris conscience d'elle-même dans un monde où bien des choses s'écroulaient. La liberté qu'on lui a laissée l'a, d'autre part, si l'on ose dire, privée de soutiens et de repères. Ne sachant à quoi se raccrocher, se sentant plus ou moins perdue dans le chaos moderne, elle a d'abord glissé vers le pessimisme et elle a nié toutes les valeurs, morales ou civiques, de la société des adultes. La génération actuelle, toutes exceptions faites, n'est pas une génération de révoltés. Estimant à tort ou à raison qu'elle n'a à compter que sur elle-même, elle aspire à se donner des règles, des valeurs propres, des hiérarchies, des modèles, à réinstaurer un ordre, à créer une société plus fortement cimentée que celle où elle a grandi. »

La seconde enquête de l'année 1957, publiée dans *Arts* en quatre volets entre le 27 février et le 20 mars, est l'œuvre de Jean-René Huguenin et Renaud Matignon. Sous forme d'entretiens et de reportages, les deux hommes ont mené l'enquête au sein de quatre milieux intellectuels, les « littéraires », les « politiques », les « techniciens et savants » et les

« artistes ». Ainsi les « élites de demain » sont-elles passées au crible par l'hebdomadaire culturel le plus lu du moment. De nouveau, un portrait collectif se dessine, beaucoup plus mélancolique et pessimiste que celui des *Nouvelles littéraires*, où l'on reconnaît la plume et les idées de Jean-René Huguenin, jeune journaliste et écrivain qui connaîtra le succès en 1960 avec son roman *La Côte sauvage*, avant de se tuer dans un accident de voiture en 1962. « Aujourd'hui, la France ne peut plus vivre sans sa jeunesse, écrit-il. La presse économique, les revues politiques exigent des lycées, des bourses, des enseignants. Les politiciens comme les patrons de presse font acheter par leurs secrétaires des dossiers roses où ils inscrivent gravement JEUNESSE. Pour eux, le problème est résolu en trois ou quatre articles ou avec une bonne série de décrets… » Pour Huguenin, au contraire, le problème demeure, et aux questions « Que font les jeunes Français ? », « Que veulent-ils devenir ? », il répond d'une manière assez désespérée. L'« autre jeunesse » dont il dresse le tableau est en effet celle de la solitude, de l'isolement : « Les jeunes, parce qu'ils sont de moins en moins solitaires, sont justement de plus en plus seuls. Toutes les proies s'évanouissent entre leurs mains ; et à travers tant de visages, dont la transparence n'arrête pas leurs regards, c'est toujours la mort qu'ils aperçoivent, comme la seule réalité, la seule évidence, la seule chose vivante en ce monde. Ils ne trouvent personne

à aimer dans ce ballet de fantômes, pas un être qui puisse les occuper plus longtemps que durant les quelques instants où ils frémissent entre ses bras. » Voici une jeunesse de l'ennui, du désœuvrement, d'une certaine frivolité gratuite et passive. Une jeunesse impuissante à arrêter l'histoire, pour laquelle la communication est une entreprise insurmontable, la politique une activité inconnue, le paraître une occupation futile et la violence un exutoire parfois commode : « Les jeux les plus en vogue dans la jeunesse sont ceux auxquels on peut jouer seul : le bowling, le karting, et surtout cette invention bénie, au pied de laquelle se ruent, à peine sortis du lycée ou du bureau, des armées de solitaires brusquement dépaysés par leurs loisirs : la machine à sous. Qu'attendent-ils ? Quel charme les retient ? Je crois simplement qu'ils passent le temps, que la grande obsession des jeunes d'aujourd'hui est de trouver non des distractions qui les amusent, mais des passe-temps, des habitudes, des occupations dont la monotonie s'accorde à l'effrayante neutralité de leur âme. Monde d'impuissants ! » Le constat est amer, résolument pessimiste, rejoignant le point de vue du philosophe Vladimir Jankélévitch publié alors dans *Arts*, qui regrette l'attitude d'une jeunesse « blasée », « indifférente à tout », ou celui du pamphlétaire Stephen Hecquet qui, dans un libelle intitulé *Les Garçons*, dénomme ses « héros » les « petits vieux du vingtième siècle ».

DIFFICILE, PARFOIS, DE SÉPARER LA JEUNESSE DE SA REPRÉSENTATION AU CINÉMA. CE QUI SOULIGNE LES CIRCULATION INCESSANTES ENTRE UN ÉTAT SOCIAL ET UN FAIT CINÉMATOGRAPHIQUE : LA NOUVELLE VAGUE AIME BROUILLER LES PISTES. À GAUCHE : *ANTOINE ET COLETTE* (TRUFFAUT) ; À DROITE : *VIVRE SA VIE* (GODARD). DOUBLE PAGE SUIVANTE : UNE ENQUÊTE PHOTOGRAPHIQUE DE L'AGENCE TOP.

**La dernière enquête menée en 1957
est beaucoup plus optimiste, presque militante.
Elle marque une date dans l'histoire car elle**
invente le terme et le concept de « nouvelle vague ».
Le 3 octobre, *L'Express* porte ainsi fièrement en
couverture, sous le joli visage d'une jeune femme
souriante, le titre « La nouvelle vague arrive ! ».
L'ensemble est complété par une citation de Péguy,
tirée de *Notre jeunesse* : « Vingt ans. C'est nous qui
sommes le centre et le cœur. L'axe passe par nous.
C'est à notre montre qu'il faudra lire l'heure. »
L'enquête a été menée conjointement par l'hebdomadaire fondé en 1953 par Françoise Giroud et Jean-
Jacques Servan-Schreiber, journal qui a transformé la
presse des magazines en France, et l'IFOP, le principal
institut de sondage de l'opinion. L'idée est venue de
Françoise Giroud qui, en avril 1955, avait déjà mené
dans *L'Express* une enquête sur les goûts culturels

de la jeunesse française. Puis l'exemple
d'une enquête similaire menée par un
grand journal polonais, « aux résultats éton-
nants, inattendus, graves, émouvants par
ce qu'ils ont révélé d'humanité, d'individualisme, de cynisme et de sagesse au sein de
la jeunesse polonaise », fait définitivement
aboutir le projet, qui apparaît dans les pages
« courrier » de *L'Express* le 23 août 1957, sous
forme d'une incitation à apporter son témoi-
gnage. L'enquête se fonde sur la diffusion d'un
questionnaire précis, en vingt-quatre points,
auquel les Français âgés de dix-huit à trente ans
sont invités à répondre. *L'Express* dispose en effet,
au vu de son lectorat, de ses partis pris, de son style,
d'une bonne audience parmi ceux qui composent
cette nouvelle vague. L'ensemble des réponses est
ensuite traité par l'IFOP, qui en tire des données rigou-
reuses, tandis que l'hebdomadaire, chaque semaine
pendant près de trois mois, publie les témoignages
jugés les plus représentatifs et les plus intéressants.
Il s'agit donc de « connaître en profondeur » la nouvelle
génération des Français, ses « idéaux », ses « juge-
ments », sa « formation », sa « volonté », et les vingt-
quatre questions en découlent. Par exemple : « En
quoi votre génération sera différente de la précédente ? », « Trouvez-vous que vous avez plutôt de la
chance ou de la malchance de vivre à l'époque
actuelle ? », « À votre avis, quel est le meilleur métier
que peut choisir à notre époque un garçon de vingt
ans ? », « Êtes-vous heureux ? (expliquez votre
réponse) », « S'il y avait en France un régime communiste, est-ce que votre situation personnelle s'en
trouverait modifiée ? », « Est-ce que vous attachez de
l'importance à la manière dont les gens se sont

Le « journal de la nouvelle vague »

comportés pendant la dernière guerre ? », « Si vous deviez désigner un des auteurs suivants comme ayant plus spécialement marqué l'esprit des gens de votre âge, qui choisiriez-vous ? Alain, Aragon, Bernanos, Breton, Camus, Gide, Malraux, Mauriac, Maurras, Sartre ? », « Est-il une chose pour laquelle vous êtes prêt à risquer votre vie ? ».

Une vingtaine de témoignages particuliers sont publiés, avant que ne paraissent, dans les éditions des 5 et 12 décembre 1957, les résultats définitifs de l'enquête de l'IFOP, réunis sous le titre « Rapport national sur la jeunesse » : « Nous pouvons nous permettre de dire qu'il s'agit là d'un document capital, tel qu'il n'en a encore jamais existé en France, sur l'état d'esprit de la nouvelle génération face à ses problèmes personnels et aux problèmes nationaux. » Dans les semaines qui suivent, *L'Express* prolonge le débat par la publication des réactions à l'enquête de personnalités intellectuelles, universitaires ou artistiques. Le 19 décembre, par exemple, après une couverture consacrée à Brigitte Bardot et ayant pour titre « La nouvelle vague fait réagir la France », François Mauriac, le père Daniélou, Jean-Paul Sartre, Françoise Giroud et Henri Lefebvre font part de leurs conclusions. Le premier s'avoue « consterné par cette radiographie de la jeunesse » et la trouve « bien malade », c'est-à-dire essentiellement « immature », ayant renoncé aux valeurs et aux croyances qui pouvaient lui donner de la volonté et de l'enthousiasme. Le père Daniélou la juge « repliée et attentive » : « On a le sentiment d'une génération de transition, sans passé, sans culture, sans tradition. C'est une de ses grandes faiblesses. Elle est toute concentrée dans son présent, et n'attend rien que d'elle-même. » Sartre n'est guère plus enthousiaste : « Je classe la nouvelle

vague parmi les indifférents. Ce sous-groupe est d'origine récente. Nul ne sait encore ce que ces jeunes gens deviendront. » Françoise Giroud et Henri Lefebvre y voient davantage de vertus. Pour eux, la génération à venir est forte ; car elle est animée par une idée neuve : elle a découvert le bonheur et veut le vivre dans une société qu'elle doit façonner à son image. Giroud et Lefebvre insistent en effet sur l'aspiration à l'amour, aux loisirs, à la satisfaction matérielle que reflète l'enquête menée sur les dix-huit / trente ans. L'idée que des valeurs communes et que, surtout, une culture partagée animent la jeunesse s'impose dans leurs conclusions : pour eux, la nouvelle vague est une communauté de goûts, de gestes, de choix sentimentaux, intellectuels, vestimentaires, musicaux ou cinématographiques.

Sur cette lancée, *L'Express* consacre définitivement l'expression « nouvelle vague » en se l'appropriant : le 26 juin 1958, l'hebdomadaire prend pour sous-titre, en couverture, « Le journal de la nouvelle vague », une appellation qu'il conserve tout au long de l'année. Quelques jours plus tard, Françoise Giroud regroupe près de deux cents témoignages sur les quinze mille suscités par son enquête, reçus au courrier des lecteurs de *L'Express*, et les publie dans un livre paru chez Gallimard, *La Nouvelle Vague ; portrait de la jeunesse*. L'expression « nouvelle vague » a donc été forgée pour désigner le vide que représente la génération à venir pour les adultes de 1957, pour tenter d'élucider le profil collectif d'une jeunesse encore énigmatique et lui conférer un caractère attractif : s'il ne veut pas être submergé, le vieux monde doit s'adapter, s'ouvrir, se faire plus jeune. L'identification « de » et l'identification « à » la nouvelle vague est alors un véritable enjeu.

DEUX EXEMPLAIRES « HISTORIQUES » DE *L'EXPRESS* : CEUX DU 3 OCTOBRE 1957 ET DU 5 DÉCEMBRE 1957. VOICI ANNONCÉ, PUIS PRÉSENTÉ, LE *RAPPORT NATIONAL SUR LA JEUNESSE*.

La Nouvelle Vague sera-t-elle littéraire ?

L'expression « nouvelle vague » désigne avant tout un « débat de société », une de ces questions qui agitent périodiquement la grande presse et mobilisent, en France, les intellectuels placés sur le devant de la scène médiatique. Cependant, ce débat de société se teinte très vite d'une coloration culturelle. La question posée à propos de la nouvelle vague est en définitive moins sociale que culturelle : quelle culture la jeune génération est-elle en train de forger et donc de donner à la France ? Une culture nouvelle, différente, assurément, mais dont les éléments paraissent encore largement informulés ou dispersés au moment où apparaît l'expression « nouvelle vague ».

Sans doute, dans cette interrogation sur la culture nouvelle, l'exemple anglais a-t-il joué son rôle, l'Angleterre de la tradition secouée et choquée depuis quelques années par les *angry young men*. Ne vient-on pas de traduire en français, au début de l'année 1958, un recueil rencontrant un vif succès où s'expriment les principaux chefs de file de la jeunesse artistique et littéraire anglaise, *Les jeunes gens en colère vous parlent* ? Dans cet ouvrage, la place centrale est occupée par John Osborne, le dramaturge, inventeur de l'expression (sa pièce *Look back in anger* date de 1957), déjà traduit et connu en France, bientôt monté (*Luther*) au TNP par Georges Wilson en 1964. En Angleterre, la révolte culturelle de la jeunesse semble donc passer par le théâtre, ce qui s'apparente à une règle toute britannique. En France, cette affirmation culturelle se cherche encore une voie au début de l'année 1958 lorsque l'expression « nouvelle vague » est sur toutes les lèvres et dans tous les éditoriaux.

Naturellement, le premier support s'offrant à cette culture semble être la littérature, vecteur de bien des mouvements revendicatifs, de bien des batailles générationnelles dans l'histoire culturelle française. D'autant que l'apparition de cette nouvelle vague coïncide presque parfaitement avec le « phénomène Sagan ». *Bonjour tristesse* en 1954, *Un certain sourire* en 1956, puis *Dans un mois dans un an* ont, coup sur coup, été d'extraordinaires succès de librairie pour le compte de la maison Julliard. En 1957, Françoise Sagan, à vingt-trois ans, a déjà vendu plus d'un million d'exemplaires de ses livres en France, a été traduite partout dans le monde, et *Bonjour tristesse* apparaît pour beaucoup d'observateurs de l'opinion comme le livre manifeste de la jeunesse. Maurice Nadeau, directeur des *Lettres nouvelles*, en témoigne avec une certaine condescendance : « Le succès de Sagan n'est pas dû seulement à une publicité bien faite. Il est certain que son univers traduit un aspect de la jeunesse actuelle. Devant un monde inquiétant, un avenir sans projet, la vanité de tous les efforts crée d'abord ce profond découragement sensible chez l'héroïne de Sagan. La faillite de tous les idéaux des adultes, leur duperie si évidente, ouvrent un vide, un excédent de forces juvéniles sans point d'application possible, d'où cet ennui, ce désintéressement vis-à-vis du monde actuel. Faire l'amour est une tentative pour meubler ce vide et chaque partenaire n'y gagne qu'une conscience plus aiguë de sa solitude. Françoise Sagan, en fait, aidera les jeunes à reconnaître ce dont ils doivent se détacher. »

Plus largement, il semble bien exister à cet instant une « Nouvelle Vague littéraire ». Les éditions du Seuil, qui ont juste vingt ans en 1956, sont sans doute les plus actives en ce domaine. En octobre 1956, Jean Cayrol fait paraître le premier numéro de la revue *Écrire*, qui a pour vocation explicite de publier des premiers textes et de découvrir de jeunes auteurs inconnus. Cayrol y propose un texte manifeste appelant de ses vœux cette « pré-littérature, littérature en formation, littérature verte, encore désordonnée, avec ses scories, ce timide gravier qui grince entre les phrases, entre les pensées, composée parfois avec des miettes, des reliefs de lectures, d'effusion, dans laquelle l'écrivain-né fait son or, son magot, sa magie près d'un feu qui n'attend pas ». *Écrire* publie ainsi les premiers textes de Philippe Sollers, Jean-Pierre Faye, Jean-René Huguenin, Denis Roche, Geneviève Dormann, Michel Braudeau, Jean-François Josselin, Pierre Guyotat, Pierre Mertens, Christopher Frank ou Régis Debray. Il ne s'agit en aucune manière d'une revue d'avant-garde, et elle reste très imperméable aux expériences du nouveau roman comme à l'influence existentialiste. Plus simplement, *Écrire* est la revue d'« une jeune littérature soucieuse avant tout de plaire, de réussir et de rassurer, une jeune littérature dont l'unique passion est de refléter les

occupations et l'esprit de lecteurs qu'elle imagine à son image, jeunes, désœuvrés, désinvoltes, dilettantes, désengagés et solitaires », écrit Cayrol en présentant la cinquième livraison où se côtoient trois auteurs de quatorze, dix-sept et dix-neuf ans. Sur ce modèle, les maisons d'édition rivales lancent revues et collections ; Gallimard : « Jeune prose » et « Le Chemin », dirigées par Georges Lambrichs ; Grasset : « Les Chemins de l'écriture », sous la direction de Dominique Fernandez. Le Seuil conserve cependant la première place dans cette course à la jeunesse en proposant, au printemps 1960, la revue *Tel Quel*, dirigée par un comité de rédaction en grande partie issu des jeunes plumes révélées par *Écrire* : Philippe Sollers, Jean-Edern Hallier, Jean-René Huguenin, Renaud Matignon, Jacques Coudol et Antoine de Boisrouvray. Sollers témoigne alors de ce lien entre la naissance de *Tel Quel* et la vogue des jeunes écrivains chez les éditeurs : « Lorsque à plusieurs amis nous avons décidé de fonder *Tel Quel*, il n'a pas manqué de bons esprits pour nous dire : "Ah ! une revue de jeunes !" Si cette revue ne se donne pas pour but d'être jeune, peut-être une génération pourrait-elle cependant s'y retrouver. *Tel Quel*, ce n'est pas tant notre jeunesse que le moyen que nous choisissons pour la dominer. »

L'Express sent ce vent de nouveauté soufflant sur l'édition et, toujours à l'affût de l'esprit du temps, crée un prix littéraire Nouvelle Vague en décembre 1958. Il s'agit de faire coïncider l'idée de la jeunesse forgée par l'hebdomadaire à travers l'enquête sur la nouvelle vague et un roman incarnant le plus justement cette culture. Le jury, composé de neuf collaborateurs de *L'Express*, choisit, à cinq voix contre quatre, le premier roman de Christiane Rochefort, *Le Repos du guerrier*, de préférence au *Grand Dadais* de Bertrand Poirot-Delpech. Le jury se justifie dans une déclaration : « *Le Repos du guerrier* c'est, à propos d'un amour, le voyage impudique et sans retour d'une femme au bout de soi-même. Rien de très recommandable, par conséquent, à de trop jeunes lecteurs. Mais le prix Nouvelle Vague n'est pas destiné à sélectionner des lectures pour adolescents. Le premier roman de Christiane Rochefort comporte de la part de l'auteur un effort de vérité, une volonté de lucidité qui est un trait majeur des hommes et des femmes de notre génération et qui est en train de bouleverser dans notre société – et dans notre littérature – le visage traditionnel des femmes. » Bien des éléments semblent donc indiquer que la Nouvelle Vague sera d'abord littéraire.

MARGUERITE DURAS, À LA FIN DES ANNÉES CINQUANTE, A PU, ELLE AUSSI, INCARNER DAN LA LITTÉRATURE UN CERTAIN ESPRIT NOUVELLE VAGUE, PLUS «RIVE GAUCH NOTAMMENT LORS DE SA COLLABORATION AVEC ALAIN RESNAIS POUR *HIROSHIMA MON AMOUR*, 1959 (À GAUCHE).

Premières vaguelettes sur les écrans

Le prix Nouvelle Vague est cependant éphémère et n'aura qu'une seule lauréate. Le monde littéraire renonce vite à l'appellation. Car dès 1958, l'expression forgée par _L'Express_ désigne plus explicitement un fait cinématographique. Françoise Giroud en a elle-même conscience lorsqu'elle lance dans son hebdomadaire, au début de l'année 1958, une autre enquête auprès des lecteurs : il s'agit alors d'épouser l'expression privilégiée du renouveau en réclamant « des idées de toute sorte pour réaliser un film sur la jeunesse ». L'expression « nouvelle vague » désigne donc rapidement un espoir placé dans le cinéma. Mais si le cinéma français paraît porteur d'avenir à la fin des années cinquante, ce n'est pas grâce à ses réalisateurs les plus réputés – Clouzot, Delannoy, Autant-Lara, Christian-Jaque, Allégret –, eux qui dominent la production et les studios depuis la guerre, qui forment une « tradition de la qualité », baptisée ainsi en raison d'un indéniable savoir-faire plus qu'en fonction d'aptitudes à enregistrer l'état d'une société en pleine évolution. C'est peu de dire que ce système n'est pas favorable à la jeunesse et au renouvellement des cadres. Un cinéaste de moins de quarante ans est alors exceptionnel, et la plupart des jeunes aspirants réalisateurs doivent subir le long et ingrat chemin de croix de l'assistanat, avant de pouvoir prétendre mettre en scène leur propre film.

En revanche, depuis quelque temps, est apparue une génération de très jeunes cinéastes encore cantonnée dans le film court. En effet, le court métrage, dès le milieu des années cinquante, gagne un nouveau territoire, un nouveau combat, s'approprie une place sur un terrain jusqu'alors interdit : la fiction. La forme documentaire se perpétue, bien sûr, parfois sous la direction de metteurs en scène très talentueux, tels Alain Resnais ou Georges Franju. Mais la forme brève au cinéma s'arroge le pouvoir de la nouvelle en littérature. Et ce sont les jeunes Turcs des

Cahiers du cinéma qui président à ce coup de force, bouleversant les lois du court métrage. Entre 1951 et 1958, les critiques des _Cahiers_ ont, à eux seuls, réalisé une trentaine de courts métrages. Si ce mouvement de renouveau n'est pas uniquement composé de critiques de la petite revue à couverture jaune s'initiant à la réalisation (Pierre Kast, Claude Chabrol, Jacques Rivette, François Truffaut, Jacques Doniol-Valcroze, Éric Rohmer, Jean-Luc Godard, Claude de Givray, Charles Bitsch), nombreux sont, parmi les jeunes réalisateurs de courts métrages, qui proviennent de la « famille » _Cahiers_ prise au sens large. Alain Resnais et Chris Marker représentent cette « rive gauche » proche d'André Bazin et de Jacques Doniol-Valcroze, les fondateurs. Ils donnent régulièrement leur avis sur les films de l'actualité dans les « Étoiles » de la revue, et Marker a écrit plusieurs textes dans les premiers numéros des _Cahiers_. Agnès Varda, Jacques Demy, Jacques Rozier, Jean-Daniel Pollet, Jean Rouch, Pierre Schoendoerffer font également partie de la « mafia », selon un mot de Truffaut, passant parfois au bureau des _Cahiers_, en haut des Champs-Élysées. De tous ces cinéastes en herbe, la revue, dès le milieu des années cinquante, scrute donc attentivement les premiers essais, les brouillons.

En mai 1957, dans un numéro spécial intitulé « Situation du cinéma français », l'ensemble de la production de courts métrages est ainsi pris en compte pour la première fois comme un mouvement cohérent, comme un genre permettant de révéler de jeunes cinéastes, comme une école économique de tournage, fondée sur la modestie des budgets et les possibilités offertes par les subventions du Centre national de la cinématographie, qui dès 1953 a mis en place une loi d'aide et une prime à la qualité. Dans ce numéro des *Cahiers du cinéma*, Doniol-Valcroze met également l'accent sur le rôle des Films de la Pléiade, petite maison de production dirigée par Pierre Braunberger, qui, dans son catalogue, propose des films de Resnais, Reichenbach, Godard, Rouch, Doniol, Rivette, Varda, Marker… L'ancien producteur de Jean Renoir, dans les années trente, retrouve alors, à plus de cinquante ans, une seconde jeunesse. Sa collaboration avec la future Nouvelle Vague débute au début de l'année 1955. Braunberger visionne un petit film amateur de son jeune cousin, François Reichenbach, tourné au Maroc avec une pellicule d'origine américaine qui possède une émulsion très sensible. Les tournages en extérieur en sont largement favorisés, et les lourdes équipes d'électriciens évacuées du plateau. De plus, la prise de son peut suivre la même évolution, vers une légèreté plus grande des conditions du tournage, voire vers une élimination pure et simple grâce à la postsynchronisation, loin des décors et des bataillons de maquilleuses des studios. Braunberger comprend que les budgets vont s'écrouler, réduits parfois de près de soixante-dix pour cent… Reichenbach est son premier poulain. Ses *Impressions de New York*, en 1955, trouvent, de ce point de vue, un équilibre aussi bien économique qu'esthétique. Suivent ensuite Varda, Resnais, Rivette, Godard, à la barre de courts métrages toujours plus nombreux, mais dont le succès public – il ne faut pas se leurrer – fut loin d'être immédiat. Braunberger rappelle cette vérité : « Au début, ce ne fut pas simple. On ne perdait pas d'argent, car les coûts de production étaient réduits, mais je me souviens que tout le monde me disait : "Toi, avec ton Godard et ton Truffaut ! Ton Rivette, ton Rohmer et ton Doniol-Valcroze !" On me prenait pour un fou. »

Durant l'été 1956, tout le groupe des *Cahiers* s'est retrouvé dans l'appartement de Claude Chabrol, où Jacques Rivette, aidé de Charles Bitsch comme chef opérateur, tourne *Le Coup du berger*. Les amis de passage, pouvant faire office de figurants, tels Jean-Luc Godard et François Truffaut, ont déjà lu le scénario, simple et compliqué comme un problème de mathématiques, d'où le titre emprunté au vocabulaire des joueurs d'échecs : une jeune femme imagine un subterfuge pour justifier aux yeux de son mari le port d'un manteau de fourrure que lui a donné son amant. Pierre Braunberger en a financé les frais de finition pour l'inclure dans son catalogue. Le producteur note d'ailleurs dans ses *Cinémamémoire* que « le premier véritable film de la Nouvelle Vague est

Le Coup du berger. » Truffaut en témoigne lui aussi : « C'est à Rivette que nous devons cette vocation, car de nous tous il était le plus farouchement déterminé à passer aux actes. Il était arrivé de province en 1949 avec, dans sa valise, un petit film en 16 mm : *Aux quatre coins*. À Paris, il en réalisa deux autres, *Le Quadrille*, interprété notamment par Jean-Luc Godard, et *Le Divertissement*. Sous son influence, je me décidai à mon tour et tournai dans l'appartement de Jacques Doniol-Valcroze un brouillon, sans intérêt même à l'époque, intitulé *Une visite* et dont Rivette, par amitié et pour se perfectionner, accepta d'être le chef opérateur… » Mais le maître du 16 mm de fiction est sans conteste Éric Rohmer, qui impressionne ses cadets et contribue à les pousser vers la réalisation de courts métrages. « Les deux films de Rohmer, *Bérénice*, d'après Edgar Poe, et surtout *La Sonate à Kreutzer*, tournés en 16 mm et sonorisés sur magnétophone, sont des films admirables », écrit ainsi Truffaut (ces films ont ensuite disparu).

L'écho des productions de cette génération se répercute de plus en plus régulièrement dans les *Cahiers du cinéma* : six mois après le premier article de Doniol-Valcroze, l'école du court métrage, en décembre 1957, y devient « relève ». La revue crée alors une rubrique nouvelle, « Notes de courts métrages », où le film court peut être traité à l'égal d'un long. Elle donne à lire le portrait d'une génération critique devenant cinéaste. Claude de Givray, en décembre 1957, peut parler de « mouvement collectif », avant que Truffaut, quelques mois plus tard, en présentant *Tous les garçons s'appellent Patrick*, de Godard, définisse plus précisément ce mouvement : « Jean Vigo disait : "Au cinéma, nous traitons notre esprit avec un raffinement que les Chinois réservent d'habitude à leurs pieds." Aujourd'hui, les pédicures de la caméra opèrent volontiers dans le court métrage où les subventions, l'équipe réduite et l'absence d'acteurs encouragent souvent leur maniaquerie vicieuse. Le court métrage en 1957 ? Deux artistes, Resnais et Franju, flanqués chacun d'une demi-douzaine de copieurs serviles, sans personnalité… Alors quelques noms propres ont fait leur apparition : Agnès Varda, Jacques Rivette, Jacques Demy, Jean-Luc Godard, tous influencés par le seul Louis Lumière… » Le « Renouveau », telle est dès lors l'expression consacrée pour désigner la « cohorte des jeunes cinéastes » par les *Cahiers du cinéma*, expression illustrée par une photographie de Jacques Demy dirigeant *Le Bel Indifférent*, publiée en avril 1958, et reprise dans le catalogue des Films de la Pléiade. En

DANS L'APPARTEMENT DE CLAUDE CHABROL, À L'ÉTÉ 1956, JACQUES RIVETTE (AU CENTRE) TOURNE *LE COUP DU BERGER*. SES AMIS, LES JEUNES TURCS SONT SUR LE PLATEAU : FRANÇOIS TRUFFAUT (À GAUCHE), CLAUDE DE GIVRAY (EN FOND), CHARLES BITSCH (DE DOS), JACQUES DONIOL-VALCROZE (À DROITE), ENCADRANT L'ACTRICE ANNE DOAT.

uillet 1958, ce renouveau se fait encore plus pressant. Sous un titre explicite : « Les *Cahiers* au pied du mur », la revue donne aux lecteurs les dernières nouvelles du front, signe d'un engagement certain des troupes de la rédaction. Kast vient de terminer *Le Bel Âge*, un vrai film d'une heure trente, et Doniol *Les Surmenés* ; Rohmer présente *Véronique et son cancre*, dont le chef opérateur est Bitsch ; Rivette commence un film long, *Paris nous appartient* ; Chabrol, qui sort de son premier long métrage, *Le Beau Serge*, termine son deuxième scénario, *Les Cousins* ; Godard a fini *Charlotte et son Jules*, tandis que Truffaut se prépare à tourner *Les Quatre Cents Coups*. Avec quelques collaborateurs réguliers passant d'un projet à un autre, comme Jean-Claude Brialy, Bernadette Lafont, Gérard Blain, Jean-Paul Belmondo devant la caméra, Paul Gégauff, Jean Gruault au scénario, ou Charles Bitsch, Pierre Lachenay, Suzanne Schiffman et Claude de Givray en assistants, c'est une aventure vécue et présentée comme collective qui prend forme. Le « Renouveau » appelle la « Nouvelle Vague ».

Très exactement, l'expression « nouvelle vague », venue par *L'Express* de la sociologie à la mode, s'applique pour la première fois au cinéma en février 1958, lorsque le critique Pierre Billard désigne sous ce nom le jeune cinéma français qu'il analyse dans un numéro de la revue *Cinéma 58*. Billard a mené l'enquête auprès de quarante jeunes cinéastes, et ses conclu-

sions rejoignent, par bien des points, celles de la grande presse, dressant le portrait d'une génération ennuyée et ennuyeuse. « Le jeune cinéma, écrit-il, s'exerce le plus souvent dans le vide : les comédies sont parfois burlesques, mais jamais satiriques, et des drames, si vous ôtez la manière, il ne reste plus rien. Cette vacuité n'est-elle pas étonnante chez des créateurs qui avaient entre dix et vingt ans à la Libération ? Moins qu'il ne paraît. Car cette génération s'est surtout formée pendant les années 1945-1955, celles des grands abandons. Elle en est sortie, comme une partie de la jeunesse intellectuelle d'aujourd'hui, lucide et amère, mais désenchantée et ne croyant plus à rien, même pas à sa révolte. Elle a vu s'effondrer les dieux dépassés, se dégonfler les vieilles baudruches, se renier les promesses d'autrefois : cédant à la mode du jour, elle s'amuse à démystifier « les dernières illusions. » Mais, malgré ce constat d'impasse, Pierre Billard a le mérite d'être le premier à employer l'expression « nouvelle vague » en parlant de cette école, même si c'est pour déplorer « la sagesse déconcertante avec laquelle cette "Nouvelle Vague" suit les traces de ses aînés » et pour estimer que le jeune cinéma français se situe « au creux de la vague ». Les derniers mots de l'enquête sont pourtant optimistes, saluant « ceux des *Cahiers du cinéma*, Rivette, Truffaut, Chabrol, et leurs tentatives de productions indépendantes qui risquent d'aboutir à d'intéressantes révélations. »

Le cinéma et la jeunesse

En France, on assiste alors à une double reconnaissance : les jeunes cinéphiles ont imposé le cinéma comme art majeur, d'autres jeunes gens l'ont élu comme leur divertissement préféré, et, en retour, la jeunesse de 1958 semble s'imposer comme sujet privilégié (et commercialement attractif) aux cinéastes à l'affût de bons scénarios. La jeunesse va ainsi massivement au cinéma au cours des années cinquante. En 1955, 43 % des spectateurs des salles parisiennes sont âgés de quinze à vingt-quatre ans, alors qu'au même moment cette catégorie d'âge ne représente que 17 % des emprunteurs de livres au sein des bibliothèques municipales. Lecteurs modestes, non encore initiés aux « plaisirs » de la télévision, les jeunes gens fréquentent au contraire assidûment les multiples salles de cinéma, sur les boulevards, au Quartier latin, dans chaque quartier : ils représentent les gros bataillons de spectateurs encore attirés par le cinéma. Au milieu des années cinquante, l'âge d'or de la fréquentation des salles n'est pas clos, même si le déclin est proche, et la jeunesse vit encore au jour le jour avec les films, leurs histoires, leurs héros, leurs stars, un univers inextricablement lié à la vie quotidienne. Pour toute cette génération d'adolescents, les films s'apparentent à un monde devenu mythologie commune, à un moyen d'assimiler l'imaginaire des paradis perdus, à une manière d'apprendre la dimension utopique de la vie. Le cinéma américain est alors très important, toutes les enquêtes menées sur les goûts de la jeunesse le soulignent, plaçant en tête les westerns, suivis par les films policiers, les films d'aventures et de science-fiction, puis les comédies hollywoodiennes. Les récits exotiques, la couleur comme les femmes figurent au premier rang parmi ses moyens de fascination. Dans la grisaille ambiante, ces utopies, ces couleurs et ces actrices sont les grandes pourvoyeuses de fantasmes. Quant aux films français, ils possèdent eux aussi, même s'il est moins prégnant, un imaginaire auquel la jeunesse peut s'intégrer, notamment les séries policières – *Lemmy Caution* –, dont Eddie Constantine est l'imposant héros, ou les films de cape et d'épée.

Le cinéma est partout dans la vie des jeunes Français. Ils en parlent, racontent les films, évoquent les actrices. Les jeunes filles s'habillent et se comportent « à la Marilyn », « à la Audrey Hepburn », « à la Grace Kelly ». Les garçons citent des répliques d'Eddie Constantine, posent en Gérard Philipe ou en James Dean. On feuillette *Cinérevue, Cinémonde*. On peut lire aussi les films « racontés et illustrés » dans près d'une dizaine de magazines différents. Dans la rue, toutes les boutiques s'ornent des multiples affichettes multicolores des salles de quartier. Aux carrefours, les grands panneaux publicitaires jettent également leurs couleurs. Les façades de cinéma présentent d'immenses affiches peintes avec un grand sens du spectaculaire ; et à l'entrée des salles des photos tentent d'évoquer le film qu'on projette à l'intérieur. « En achetant un bâton de chocolat à l'entracte, on retrouvait les photos de ses stars favorites », précise le critique Éric de Kuyper en déposant la dernière touche sur ce tableau de la cinéphilie populaire du temps. Le « phénomène cinéma » (Edgar Morin) est ainsi sans cesse prolongé, multiplié, par les images, les conversations, les publicités, les magazines, les critiques. Tous ces éléments accompagnent et diffusent continuellement le fait filmique. Comme une « aura kaléidoscopique ». Pour un adolescent, tous ces éléments s'apparentent à des objets de désirs. Il peut les collectionner, les échanger, les rêver, les aimer. Ils sont les éléments fétichistes d'un culte du cinéma au paroxysme de son désir. De plus, pour beaucoup de jeunes gens, cette culture demeure le seul « contexte » dans lequel ils baignent. Elle comble l'absence de dimension historique, d'engagement politique, d'ouverture vers le monde des

N CONCERT DE
MUSIQUE : LA RÉVÉLATION
D'UNE « CULTURE JEUNE ».

UN APPAREIL TAPPAZ
DANS *L'EAU À LA BOUCHE*
DE DONIOL-VALCROZE.

adultes que soulignent toutes les enquêtes d'opinion. Beaucoup vivent le cinéma, vivent avec le cinéma, vivent dans le cinéma. L'existence, la biographie se mêlent à lui, donc le rapport aux femmes, à l'amour, comme le rêve d'un autre monde.

Si la jeunesse a toujours été un des thèmes favoris du cinéma – ni le cinéma américain ni le cinéma français des années cinquante ne se sont privés de l'illustrer, par exemple avec *Moonfleet* de Fritz Lang, film fétiche de la cinéphilie ou *Chiens perdus sans collier*, de Delannoy, l'un des gros succès commerciaux du moment dans les salles parisiennes –, certains réalisateurs cherchent explicitement à exploiter l'engouement pour la jeunesse et le désir d'en savoir plus à son propos qui traversent la presse, l'édition et l'opinion à partir de 1957. De cette jeunesse particulière – celle de la « nouvelle vague » décrite par *L'Express* –, il s'agit de dresser un portrait. Le premier à se manifester sur ce terrain est André Cayatte, spécialiste du film de société, du « cinéma à thèse », et pas précisément un « jeune » cinéaste. Cayatte est même l'une des principales cibles de la jeune critique des *Cahiers du cinéma* et d'*Arts*, Truffaut lui ayant lancé un jour, en tête d'une page de l'hebdomadaire, qu'il « dépassait les bornes du grotesque et de la bêtise ». Mais, fort de ses succès et de sa réputation de cinéaste sociologique, il s'est mis en tête d'« illustrer la nouvelle vague » et propose aux lecteurs de *L'Express*, le 30 octobre 1958, de « travailler [avec lui] en vue de l'élaboration d'un scénario sur la jeunesse d'aujourd'hui ». Cayatte reçoit plusieurs centaines de lettres et dresse le portrait de sa jeune héroïne, « mademoiselle Nouvelle

Vague » : « Elle reste très sérieuse, mais en même temps très enfant, très jeune. Elle a son idéal bien à elle (égalité des sexes, liberté en amour), un goût pour le travail et pour le plaisir, pour les loisirs : cinéma, disques, lectures, sorties du soir. Elle aime s'habiller, de façon élégante, mais plutôt décontractée et sage, avec une certaine désinvolture. Surtout, elle a horreur du patriotisme tel qu'on le concevait autrefois. Ce qu'elle attend, c'est une vie moderne et elle prise tout ce qui est nouveau. Par contre, mademoiselle Nouvelle Vague a souvent peur. Une immense angoisse de vivre, de manquer, de vieillir, de rater son existence, d'être trompée, de n'être pas aimée ou pas considérée. »

Le projet de Cayatte n'aboutit pas, sans doute dépassé par le flux de la vague des très jeunes réalisateurs. Autre sujet de circonstance, autre cinéaste attiré par le bon filon, Georges Franju envisage, dès le début de l'année 1959, un film sur les « blousons noirs ». S'il n'est plus tout jeune, Franju est cependant plus proche du nouveau cinéma que Cayatte (il n'a alors réalisé qu'un seul long métrage, très remarqué dans les *Cahiers du cinéma*, *La Tête contre les murs*), et avoue son intérêt pour ce sujet d'actualité dans un long entretien accordé au *Monde*. Il dit avoir réuni une importante documentation, réalisé plusieurs entretiens, entrepris un casting auprès de certaines bandes de "blousons noirs". Mais, quelques semaines plus tard, alors que les incidents se sont multipliés et les heurts devenus de plus en plus violents avec la police, Franju est contraint de renoncer à son projet, lâché par son producteur qui craint « trop de publicité autour des "blousons noirs" ».

En fait, le seul et unique film tourné en 1958 avec pour objectif (sociologique et commercial) d'illustrer la génération montante reste *Les Tricheurs*, de Marcel Carné. Sorti au début du mois d'octobre 1958, ce film, piètre réalisation, est le grand succès de la saison, attirant plus de 900 000 spectateurs à Paris, et trône durant presque un an en tête des recettes. Pour le grand public, il illustre et accompagne le phénomène « nouvelle vague », lancé par *L'Express* et repris au bond par le cinéma, et l'on va le voir avec la curiosité que suscite un document de société, pour se faire une idée de la jeunesse dont on parle. Ce film ne fait pourtant nullement partie de la Nouvelle Vague, même si certains acteurs proches des jeunes cinéastes – Laurent Terzieff, Jean-Paul Belmondo, Jacques Charrier, Pascale Petit – tiennent ici de grands ou de petits rôles. Ni Marcel Carné ni son scénariste Jacques Sigurd ne relèvent, loin s'en faut, du nouveau cinéma. Ils représentent au contraire le cœur de ce que Truffaut nommera la « Vieille Vague », ces cinéastes travaillant depuis vingt ou trente ans au sein du pesant système de studio, et qui découvrent, en 1958 ou 1959, que le « film jeune » est sans doute un bon moyen de faire de l'argent et de changer d'image. *Plein Soleil* de René Clément, *Les Tricheurs* de Carné ou encore *Terrain vague*, *Asphalte* de Hervé Bromberger, *Jeux dangereux* de Pierre Chenal, *L'Âge ingrat* de Gilles Grangier, et le film à sketches *La Française et l'amour*, sont de cette veine-là. Et les jeunes des *Tricheurs* ressemblent davantage à une caricature du Saint-Germain-des-Prés de l'après-guerre qu'à un portrait de la génération de la nouvelle vague. Reste que le film multiplie les emblèmes et les indices visibles de la culture jeune : la « surboum », le « scooter payé par papa », la « Jag » récupérée le temps d'une virée, le « café » où l'on fait bande, les disques et le « Tappaz » qui ne quittent pas des jeunes

gens désœuvrés, bien mis, séduisants. Ce que tous ces jeunes ont en commun ? Un refus général de travailler, de vivre selon les conventions en vigueur et de respecter les valeurs morales que l'on prône dans la société des adultes. Devenir adultes ? Pour ressembler à qui ? Ils ne forment pas une collectivité mais une addition de solitudes qui cherchent, dans l'alcool, dans la danse, dans l'amour, dans la vitesse, l'instant fugitif où l'on fuit, où l'on se fuit. Le film finit mal. Mic, la jeune héroïne qui séduit les hommes mais refuse de s'attacher à aucun d'entre eux, emprunte la Jaguar d'un amant. Elle roule, de plus en plus vite, jusqu'à l'accident. Elle meurt à l'hôpital. Cette fuite éperdue se veut un morceau d'anthologie cinématographique, multipliant les plans, les angles, les éclats de vitesse. Carné se fait plaisir et cherche à montrer qu'il conserve son savoir-faire. Mais les jeunes gens lui ont surtout servi de marionnettes. Il les laisse, brisés, sur le bord de la route, et s'en désintéresse jusqu'au mépris.

Françoise Arnoul et les emblèmes de sa jeunesse dans *Sait-on jamais* de Vadim. Double page suivante : *Les Tricheurs* de Carné, prototype du vrai-faux film jeune.

Le Festival des enfants prodiges

**« Pour la première fois sans doute
dans la sélection française au Festival de Cannes,
aucun film de Carné, Clair, Delannoy, Duvivier,**
Clément, Clouzot, Autant-Lara, ne représentera la
France. Les trois films choisis par la commission, *Les
Quatre Cents Coups*, *Orphée noir* et *Hiroshima mon
amour* sont l'œuvre de trois nouveaux réalisateurs :
François Truffaut, vingt-sept ans, Marcel Camus,
quarante-cinq ans, dont c'est le second long métrage,
Alain Resnais, trente-sept ans. Pourquoi ces trois
films d'hommes nouveaux, plutôt que des films plus
rassurants ou plus académiques ? Parce que la
commission de sélection se trouva devant une
carence presque absolue de films dits "de qualité"
réalisés par des pontifes. Autre événement : pour la
première fois sans doute dans l'histoire du cinéma,
un ministre de tutelle du septième art, en l'occur-
rence André Malraux, ne s'en tint pas, pour accepter
ce choix, aux seuls avis des membres de son cabinet
et décida de juger *de visu* les films soumis à son
approbation. En sortant des trois projections, il décla-
rait : « Le film de François Truffaut est bon, celui de
Camus moins bon, celui d'Alain Resnais très bon… »
Ainsi, dans *L'Express* du 23 avril 1959, peut-on
prendre connaissance de la sélection française pour
le Festival de Cannes. Comme s'ils avaient été brusquement touchés par l'« esprit de jeunesse » qui
traverse alors la société française, les membres de la
commission de sélection, pourtant très académique,
ont fait un choix surprenant. Une année auparavant,
François Truffaut avait été interdit de Festival par son
directeur, Robert Favre-Le Bret, pour avoir insulté
l'institution cannoise dans plusieurs articles d'*Arts*.
De même, les courts métrages d'Alain Resnais, *Les
statues meurent aussi* puis *Nuit et Brouillard*, ont eu
maille à partir avec la censure. Le premier fut interdit
de projection en France par la commission de censure
jusqu'au début des années soixante, le second a été

brusquement retiré du programme cannois à la
demande des autorités allemandes en 1956. En
apprenant le choix surprenant de la commission,
Jean-Luc Godard peut lancer un premier cri de victoire
dans *Arts* : « Pour la première fois, un film jeune est
officiellement désigné par les pouvoirs publics pour
montrer au monde entier le vrai visage du cinéma
français. Et ce que l'on peut dire de François Truffaut,
on peut aussi l'écrire d'Alain Resnais, de Claude
Chabrol, de Jean-Pierre Melville, de Jean Rouch,
d'Agnès Varda. Le visage du cinéma français a changé.
Malraux ne s'y est pas trompé. […] Aujourd'hui, il se
trouve que nous avons remporté la victoire. Ce sont
nos films qui vont à Cannes prouver que la France a
un joli visage, cinématographiquement parlant. Et
l'année prochaine ce sera la même chose. Quinze

films neufs, courageux, sincères, lucides, beaux, barreront de nouveau la route aux productions conventionnelles. Car si nous avons gagné une bataille, la guerre n'est pas encore finie. » Ce « nous » auquel Godard fait référence implique le jeune cinéma, celui qui s'est affirmé aux *Cahiers du cinéma* puis grâce à l'école du court métrage et que les critiques spécialisés commencent à nommer Nouvelle Vague. Les « autres », contre lesquels la guerre est déclarée depuis quelques années dans les *Cahiers du cinéma* ou dans *Arts*, sont les cinéastes arrivés, réputés, payés trente à quarante millions pour diriger un film. La lutte des générations a rarement été aussi sévère que dans le cinéma français de la fin des années cinquante. Voici qu'en un peu plus de deux années, de l'irruption de Brigitte Bardot en décembre 1956 au Festival de Cannes de mai 1959, la victoire change de camp pour choisir la jeunesse. Et Jacques Audiberti, l'écrivain, envoyé spécial à Cannes pour *Arts*, de noter en arrivant sur la Croisette : « *Les Quatre Cents Coups*, au concours général de Cannes, représente la France. Ainsi, gag délectable, les amiraux cajolent le mutin ! Ainsi le réfractaire gravit le moelleux calvaire des honneurs ! Ainsi le banni rentre, son étendard au poing, dans sa patrie reconnaissante ! Ainsi se poursuit la vieille loi de renouvellement subversif des élites ! Cependant, à la périphérie du Festival, dans les salles publiques ordinaires, d'autres benjamins, bouillonnants d'originalité têtue, projettent leurs œuvres qui se veulent, elles aussi, à tout casser. Pour eux, sans doute, quelque jour, chanteront aussi les drapeaux. »

Le déroulement du Festival de Cannes ne fait que confirmer le pressentiment exprimé par Audiberti : la jeunesse a pris d'assaut le cinéma français. Et l'on peut dire que la soirée du 4 mai 1959, au moment où sont présentés *Les Quatre Cents Coups* en projection officielle au palais du Festival, marque la naissance publique de la Nouvelle Vague. Car le film remporte un triomphe. À la sortie, dans la bousculade, Jean-Pierre Léaud est porté à bout de bras pour être présenté au public et aux photographes ; Truffaut, parrainé par Cocteau, salue et serre des mains inconnues qui montent vers lui. Le lendemain, à la une des principaux journaux s'étalent les gros titres. Ainsi *France-Soir*, au-dessus d'une photographie de la descente des marches : « Un metteur en scène de vingt-huit ans : François Truffaut. Une vedette de quatorze ans : Jean-Pierre Léaud. Un triomphe à Cannes : *Les 400 coups*. » Les magazines grand public s'emparent du film, suivant Léaud ou Truffaut à

coup de reportages photographiques et de commentaires dithyrambiques. C'est peu de dire que cette projection fait événement. *Paris Match* la relate même en détail sur quatre pleines pages dans son édition du 9 mai. « Le Festival des enfants prodiges » titre l'hebdomadaire à gros tirages : « Les hommes d'affaires achètent avant d'avoir vu, le fait est unique. Le digne *Times* lui-même – Dieu et mon droit – annonce avec enthousiasme aux ladies de tous les comtés d'Angleterre et aux glorieux retraités de l'armée des Indes la *coronation* de Truffaut qui a rendu sa jeunesse et sa foi au cinéma français... » Le magazine *Elle* insiste sur cette jeunesse retrouvée, véritable phénomène de mode : « Il faut l'avouer, nous étions tous prêts à nous ennuyer à Cannes. Au XIIe Festival, nous risquions fort de rencontrer les mêmes têtes qu'au premier, les mêmes avec onze ans de plus. Oui, vraiment, nous étions tous prêts à assister à l'agonie du Festival. Quelle chance, nous nous sommes trompés : jamais le Festival n'a été si jeune, si heureux de vivre pour la gloire d'un art qu'aime la jeunesse. Le XIIe Festival du film a le grand honneur de vous annoncer la renaissance du cinéma français. » Cette jeunesse devenue une valeur positive, recherchée, le film de Truffaut l'incarne pleinement, et plus encore Jean-Pierre Léaud, qui très vite devient l'attraction du Festival. Les reportages sur lui, sa famille, sa vie difficile, ses ambitions et son naturel, se multiplient dans *Paris Match*, *France Dimanche*, *Paris Presse L'Intransigeant*, ou à la radio sur RTL. Ses frasques cannoises dans les restaurants, les bars, les boîtes de nuit, ses phrases à l'emporte-pièce, ses disputes violentes avec ses parents, tout cela est suivi au plus près par les journalistes et les paparazzi.

Les journaux d'opinion, quant à eux, se tournent plus volontiers vers François Truffaut pour le faire parler, telle Yvonne Baby dans *Le Monde*, ou en dresser un portrait flatteur, comme Pierre Billard dans *France Observateur*. La couverture de *L'Express*, le 7 mai, est consacrée à l'événement, de même que deux semaines de suite, les unes d'*Arts* des 6 et 13 mai 1959 : « Avec ses *400 coups* d'essai Truffaut a réussi un coup de maître ». Jacques Audiberti y décrit lyriquement l'« épopée de Truffaut ». Et Jacques Doniol-Valcroze, dans les *Cahiers du cinéma*, peut apporter la touche finale à cette révélation, en tirer toutes les conséquences : « Éclatée en début de Festival, la bombe Truffaut aura retenti jusqu'à la fin et son écho se prolongera longtemps. Il y a deux ans, un an encore, *Les Quatre Cents Coups* serait apparu très exactement comme l'antifilm du festival, tant par la

Et Dieu créa la femme, outre son succès public de film à scandale, a été primordial dans la naissance de la Nouvelle Vague, comme une prise de conscience : la vision d'un corps moderne, l'écoute de la diction anticonformiste de Bardot, la contemporanéité du film, fonctionnent comme des révélateurs de la crise du cinéma français.

Les 20 films de la Nouvelle Vague

Voici, de 1958 à 1962, les vingt films qui ont fait la Nouvelle Vague.
C'est là le noyau dur d'un corpus qui représente plus de cent cinquante films,
l'ensemble des réalisations des jeunes cinéastes en quelques années,
pour la plupart oubliées aujourd'hui.

Les **FILMS MARCEAU** Présentent

GÉRARD BLAIN
JEAN-CLAUDE BRIALY
DANS

le beau Serge

PRIMÉ AU FESTIVAL DE LOCARNO 1958

AVEC MICHÈLE MÉRITZ · BERNADETTE LAFONT
JEANNE PÉREZ · CLAUDE CERVAL
EDMOND BEAUCHAMP
UN FILM DE **CLAUDE CHABROL**

Directeur de la Photographie: Henri DECAE · Musique: Émile DELPIERRE · Directeur de Production: Jean COTET · Production: AJYM Films

MARCEAU

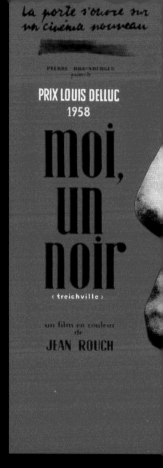

La porte s'ouvre sur un cinéma nouveau

PIERRE BRAUNBERGER présente

PRIX LOUIS DELLUC
1958

moi, un noir

‹ treichville ›

un film en couleur
de
JEAN ROUCH

DATE DE SORTIE EN FRANCE

10 janvier 1959 (1958 en Suisse, Festival de Locarno)

ÉQUIPE TECHNIQUE

PRODUCTION, RÉALISATION, ADAPTATION ET DIALOGUES Claude Chabrol CONSEILLER TECHNIQUE Jean-Paul Sassy ASSISTANTS RÉALISATEURS Philippe de Broca, Charles Bitsch et Claude de Givray DIRECTEURS DE PRODUCTION Jean Cotet, Jacques Gaillard MUSIQUE Émile Delpierre et Géo Legros IMAGES Henri Decae OPÉRATEUR Jean Rabier MONTAGE Jacques Gaillard SON Jean-Claude Marchetti, assisté de Jean Labussière.

DISTRIBUTION

Gérard Blain (Serge) ; Jean-Claude Brialy (François Baillou) ; Michèle Méritz (Yvonne) ; Bernadette Lafont (Marie) ; Claude Cerval (le prêtre) ; Jeanne Pérez (Madame Chaunier) ; Edmond Beauchamp (Glomaud) ; André Dino (Michel) ; Michel Creuze (le boucher) ; Claude Chabrol (La Truffe) ; Philippe de Broca (Jacques Rivette de la Chabule).

RÉSUMÉ DU FILM

Après dix ans d'absence, François retrouve le village de son enfance. Il a gardé le souvenir d'un ami, Serge, à qui un brillant avenir était promis. Mais il apprend que Serge est ivrogne. Celui-ci, conscient de sa déchéance, cherche à se justifier aux yeux de François. Le jeune homme va tenter de le sauver...

DATE DE SORTIE EN FRANCE

1958

ÉQUIPE TECHNIQUE

RÉALISATION, SCÉNARIO Jean Rouch SC[...] Braunberger MUSIQUE Joseph Yapi [...] Marie-Josèphe Yoyotte SON André [...]

DISTRIBUTION

Amadou Demba (Elite) ; Karidyo [...] Lamour) ; Oumarou Ganda (Rob[...] facteur) ; Alassane Maiga (Tarzan) ; [...]

RÉSUMÉ DU FILM

Le portrait d'un groupe d'adoles[...] populaire d'Abidjan. Leur vie quo[...] rapport au travail (ils sont mano[...] loisirs de la vie urbaine, à tra[...] consommation populaire tel qu'i[...]

DATE DE SORTIE EN FRANCE

4 mai 1959 (Festival de Cannes), 3 juin 1959

ÉQUIPE TECHNIQUE

PRODUCTION, RÉALISATION, SCÉNARIO, ADAPTATION, DIALOGUES François Truffaut ADAPTATION, DIALOGUES Marcel Moussy ASSISTANT RÉALISATEUR Philippe de Broca MUSIQUE Jean Constantin PHOTOGRAPHIE Henri Decae MONTAGE Marie-Joseph Yoyotte.

DISTRIBUTION

Jean-Pierre Léaud (Antoine Doinel) ; Claire Maurier (Gilberte Doinel) ; Albert Rémy (Julien Doinel) ; Guy Decomble (Petite Feuille) ; Georges Flamant (M. Bigey) ; Patrick Auffay (René) ; Daniel Couturier, François Nocher, Richard Kanayan... (les enfants).

RÉSUMÉ DU FILM

Les débuts de la vie d'Antoine Doinel, célèbre personnage de François Truffaut. À treize ans, Antoine découvre le monde et ses parents. Une triste découverte qui provoque sa fugue et son internement dans une maison de redressement dont il s'évade.

DATE DE SORTIE EN FRANCE

11 mars 1959

ÉQUIPE TECHNIQUE

RÉALISATION, SCÉNARIO Claude Chabrol DIALOGUES Paul Gégauff ASSISTANT RÉALISATEUR Philippe de Broca IMAGES Henri Decae OPÉRATEUR Jean Rabier DIRECTION MUSICALE Georges Derveaux MONTAGE Bernard Evein, Jacques Saulnier SON Jean-Claude Marchetti, assisté de Jean Labussière

DISTRIBUTION

Gérard Blain (Charles) ; Jean-Claude Brialy (Paul) ; Juliette Mayniel (Florence) ; Guy Decomble (le libraire) ; Geneviève Cluny (Geneviève) ; Michèle Méritz (Yvonne) ; Corrado Guarducci (le Conte italien Minerva) ; Stéphane Audran (Françoise) ; Paul Bisciglia (Marc).

RÉSUMÉ DU FILM

Charles, jeune provincial sérieux et travailleur, débarque à Neuilly chez son cousin Paul, cynique et grand séducteur. Tous deux travaillent leur droit. Charles tombe alors amoureux de Florence, mais Paul en fait sa maîtresse...

DATE DE SORTIE EN FRANCE

10 juin 1959

ÉQUIPE TECHNIQUE

RÉALISATEUR Alain Resnais SCÉNARIO, DIALOGUES Marguerite Duras MUSIQU Georges Delerue et Giovanni Fusco.

DISTRIBUTION

Emmanuelle Riva (Elle) ; Eiji Okada (Lui) ; Stella Dassas (mère) ; Pierre Barbaud (père) ; Bernard Fresson (l'amant allemand).

RÉSUMÉ DU FILM

Une actrice se rend à Hiroshima pour tourner un film sur la bombe atomique. Elle y rencontre un Japonais qui devient son amant, mais aussi son confident, à qui elle raconte ses souvenirs d'un amou impossible avec un soldat allemand pendant la Seconde Guerre mondiale.

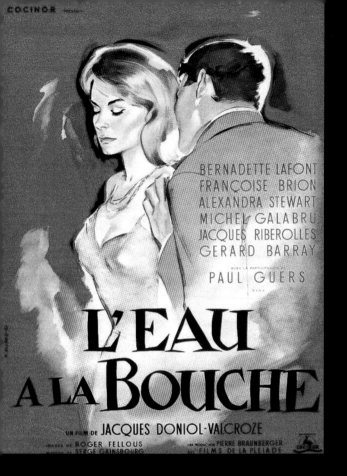

DATE DE SORTIE EN FRANCE

20 janvier 1960

ÉQUIPE TECHNIQUE

RÉALISATION, SCÉNARIO Jacques Doniol-Valcroze SCÉNARIO Jean-José Richer PRODUCTION Pierre Braunberger MUSIQUE Serge Gainsbourg MONTAGE Nadine Marquand.

DISTRIBUTION

Bernadette Lafont (Prudence) ; Françoise Brion (Miléna) ; Alexandra Stewart (Séraphine) ; Michel Galabru (César) ; Jacques Riberolles (Robert) ; Gérard Barray (Miguel) ; Florence Loinod (Florence) ; Paul Guers (Jean-Claude).

RÉSUMÉ DU FILM

Un chassé-croisé amoureux entre trois couples dans un magnifique château baroque.

DATE DE SORTIE EN FRANCE

16 mars 1960

ÉQUIPE TECHNIQUE

RÉALISATION, SCÉNARIO Jean-Luc Godard, d'après l'œuvre originale de François Truffaut PRODUCTION, DIRECTION DE LA PRODUCTION Georges de Beauregard ASSISTANT RÉALISATION Pierre Rissient MUSIQUE Martia Solal OPÉRATEUR Claude Beausoleil MONTAGE Cécile Decugis.

DISTRIBUTION

Jean-Paul Belmondo (Michel Poiccard) ; Jean Seberg (Patricia Franchini) ; Daniel Boulanger (l'inspecteur de police Vital) ; Jean-Pierre Melville (Parvulesco) ; Henri-Jacques Huet (Antonio Berrutti) ; Van Doude (lui même) ; Claude Mansard (Claudius Mansard) ; Jean-Luc Godard (l'acheteur de France-soir) ; Richard Balducci (Luis Tolmatchoff) ; Roger Hanin (Carl Zombach) ; Jean-Louis Richard (un journaliste).

RÉSUMÉ DU FILM

L'itinéraire d'un jeune délinquant qui, après avoir volé une voiture et tué un policier, est traqué par la police...

ROBERT et RAYMOND HAKIM présentent

Les
Bonnes Femmes

Un film de **CLAUDE CHABROL**

interprété par

BERNADETTE LAFONT
CLOTILDE JOANO
STÉPHANE AUDRAN
LUCILE SAINT-SIMON
JEAN-LOUIS MAURY . ALBERT DINAN
PIERRE BERTIN . AVE NINCHI
SACHA BRIQUET . CLAUDE BERRI . DOLLY BELL

MARIO DAVID

Scénario et dialogue de
PAUL GÉGAUFF
Adaptation de CLAUDE CHABROL
Directeur de la Photographie HENRI DÉCAE
Musique de PAUL MISRAKI . PIERRE JANSEN

Une production
ROBERT et RAYMOND HAKIM

Distribué par CONSORTIUM PATHÉ

DATE DE SORTIE EN FRANCE

22 avril 1960

ÉQUIPE TECHNIQUE

RÉALISATION, SCÉNARIO Claude Chabrol (d'après une histoire de Paul Gégauff)
DIALOGUES Paul Gégauff ASSISTANT RÉALISATEUR Charles Bitsch PRODUCTIO
Robert Hakim et Raymond Hakim DIRECTEUR DE PRODUCTION Ralph Baum
MUSIQUE Pierre Jansen et Paul Misraki OPÉRATEUR Jean Rabier MONTAG
Gisèle Chézeau et Jacques Gaillard.

DISTRIBUTION

Bernadette Lafont (Jane) ; Clotilde Joano (Jacqueline) ; Stéphane Audra
(Ginette) ; Lucile Saint-Simon (Rita) ; Pierre Bertin (Le patron du magasin)
Jean-Louis Maury (Marcel) ; Albert Dinan (Albert) ; Ave Ninchi (Mm
Louise) ; Sacha Briquet (Henri) ; Claude Berri (Le copain de Jane).

RÉSUMÉ DU FILM

Quatre vendeuses s'ennuient dans le petit magasin d'électroménage
de Monsieur Belin. Le travail terminé, elles cherchent l'évasion : Rit
chante en cachette dans un cabaret ; Ginette essaye d'épouser un pet
bourgeois ennuyeux ; Jane, quand elle ne flirte pas avec son soldat, s
laisse draguer par de vieux lourdauds ; Jacqueline, elle, rêve au gran
amour. Depuis quelques jours, elle a remarqué ce motard à moustach
qui la suit et pense avoir trouvé son prince charmant...

MISE EN SCÈNE DE
FRANÇOIS TRUFFAUT

D'APRÈS LE ROMAN DE
DAVID GOODIS
"DOWN THERE"

AVEC
MARIE DUBOIS
NICOLE BERGER
MICHÈLE MERCIER
ET ALBERT RÉMY

IMAGES DE
RAOUL COUTARD
EN DYALISCOPE

MUSIQUE DE
GEORGES DELERUE
ÉDITÉE PAR ROYALTY

UNE PRODUCTION PIERRE BRAUNBERGER
POUR LES FILMS DE LA PLÉIADE

el Moussy (adaptation du roman
e.

Saroyan) ; Marie Dubois (Léna) ;
Mercier (Clarisse) ; Serge Davri
hard Kanayan (Fido Saroyan) ;
ues Aslanian (Richard Saroyan) ;
ann (Lars Schmeel) ; Alex Joffé
Catherine Lutz (Mammy).

e quelques démêlés avec de
ers s'en prennent à son frère.

DATE DE SORTIE EN FRANCE

3 mars 1961

ÉQUIPE TECHNIQUE

RÉALISATION, SCÉNARIO Jacques Démy PRODUCTION Georges de Beauregard, Carlo Ponti DIRECTRICE DE PRODUCTION Bruna Drigo ASSISTANT-RÉALISATEUR Bernard Toublanc-Michel MUSIQUE Michel Legrand SCRIPT Suzanne Schiffman MONTAGE Anne-Marie Cotret et Monique Teisseire.

DISTRIBUTION

Anouk Aimée (Lola) ; Annie Dupeyroux (Cécile Desnoyers) ; Marc Michel (Roland Cassard) ; Jacques Harden (Michel) ; Alan Scott (Frankie) ; Elina Labourdette (Madame Desnoyers) ; Margo Lion (Jeanne, la mère de Michel) ; Catherine Lutz (Claire) ; Corinne Marchand (Daisy) ; Yvette Anziani (Madame Frédérique) ; Dorothée Blank (Dolly) ; Isabelle Lunghini (Nelly) ; Annick Noël (Ellen).

RÉSUMÉ DU FILM

À Nantes, Lola, chanteuse et danseuse, élève seule son fils. Elle rencontre Roland qui l'a aimé autrefois et qui l'aime encore.

DATE DE SORTIE EN FRANCE

6 septembre 1961

ÉQUIPE TECHNIQUE

RÉALISATION, DIALOGUES Jean-Luc Godard PRODUCTION Georges de Beauregard, Carlo Ponti.

DISTRIBUTION

Jean-Claude Brialy (Émile Récamier) ; Anna Karina (Angela) ; Jean-Paul Belmondo (Alfred Lubitsch) ; Marie Dubois (une amie d'Angela) ; Jeanne Moreau (femme au bar).

RÉSUMÉ DU FILM

« Angela, tu es infâme ! – Non, je suis une femme. »

Impertinence qui résume ce film. L'histoire : celle d'Angela qui veut un enfant. Mais Émile n'en veut pas. Alfred, qui est amoureux d'Angela, ne dirait pas non. Angela qui aime Émile refuse Alfred mais fait croire à Émile qu'Alfred lui fait perdre la tête...

DATE DE SORTIE EN FRANCE

17 novembre 1961

ÉQUIPE TECHNIQUE

RÉALISATION Pierre Kast SCÉNARIO, DIALOGUES Jacques Doniol-Valcroze.

DISTRIBUTION

Loleh Bellon (Anne) ; Marcello Pagliero (Steph) ; Ursula Kubler (Ursula) Boris Vian (Boris) ; Françoise Prévost (Françoise) ; Jacques Doniol Valcroze (Jacques) ; Françoise Brion (Carla) ; Jean-Claude Brialy (Jean Claude) ; Giani Esposito (Claude) ; Hubert Noël (Hubert) ; Alexandra Stewart (Alexandra) ; Virginie Vitry (Virginie) ; Edith Scob (Edith) ; Barbara Aptekman (Barbara) ; Rolande Tisseyre (Rolande).

RÉSUMÉ DU FILM

Amis et séducteurs impénitents, des hommes d'âge différents ne partagent pas toujours les mêmes idées sur l'amour et le libertinage

PARIS NOUS APPARTIENT

MISE EN SCÈNE JACQUES RIVETTE

scénario et dialogue Jacques RIVETTE et Jean GRUAULT

avec

BETTY SCHNEIDER - GIANI ESPOSITO
FRANÇOISE PREVOST - FRANÇOIS MAISTRE

et

JEAN-CLAUDE BRIALY

Musique PHILIPPE ARTHUYS   Images CHARLES BITSCH

UNE PRODUCTION AJYM FILMS - LES FILMS DU CARROSSE

ATELIERS LALANDE

DATE DE SORTIE EN FRANCE

13 décembre 1961

ÉQUIPE TECHNIQUE

RÉALISATION, SCÉNARIO, DIALOGUES Jacques Rivette SCÉNARIO, DIALOGUES Jean Gruault PRODUCTION François Truffaut et Claude Chabrol DIRECTEUR DE PRODUCTION Roland Nonin ASSISTANTS DE RÉALISATION Jean Herman et Suzanne Schiffman MUSIQUE Philippe Arthuys MONTAGE Denis de Casabianca.

DISTRIBUTION

Betty Schneider (Anne) ; Giani Esposito (Gérard) ; Daniel Croheim (Philippe) ; Françoise Prévost (Terry) ; François Maistre (Pierre) ; Jean-Claude Brialy (Jean-Marc) ; Paul Bisciglia (Paul).

RÉSUMÉ DU FILM

Anne est introduite par son frère Pierre dans un cercle d'intellectuels parisiens, persuadés de l'existence d'une sorte de conspiration mondiale. L'un des leurs, Juan, décède peu après, sans que l'on sache précisément s'il s'agit d'un suicide...

ADIEU PHILIPPINE

un film de

JACQUES ROZIER

avec YVELINE CÉRY STÉFANIA SABATINI JEAN-CLAUDE AIMINI VITTORIO CAPRIOLI DAVIDE TONELLI
Réalisation JACQUES ROZIER *scénario et dialogues* MICHÈLE O'GLOR *et* JACQUES ROZIER

DATE DE SORTIE EN FRANCE

3 janvier 1962 (Paris, première), avril 1962 (Festival de Cannes),
25 septembre 1963 (sortie en salles).

ÉQUIPE TECHNIQUE

RÉALISATION, SCÉNARIO, DIALOGUES Jacques Rozier SCÉNARIO, DIALOGUES Michèle
O'Glor.

DISTRIBUTION

Jean-Claude Aimini (Michel) ; Daniel Descamps (Daniel) ; Stefania
Sabatini (Juliette) ; Yveline Céry (Liliane) ; Vittorio Caprioli (Pachala) ; Davide
Tonelli (Horatio) ; Annie Markhan (Juliette, voix) ; André Tarroux (Régnier
de l'Isle) ; Christian Longuet (Christian) ; Michel Soyet (André) ; Arlette
Gilbert (la mère) ; Maurice Garrel (le père) ; Jeanne Pérez (la voisine) ;
Charles Lavialle (le voisin).

RÉSUMÉ DU FILM

Paris, été 1960. Michel doit bientôt partir en Algérie pour le service
militaire. En attendant, il est machiniste à la télévision et fait la
connaissance de Liliane et Juliette, deux amies inséparables comme
des amandes « philippines ». Michel songe à ses derniers jours de
liberté, quitte son travail et part en vacances sur les routes de Corse où
les deux filles décident de le rejoindre.

DATE DE SORTIE EN FRANCE

23 janvier 1962

ÉQUIPE TECHNIQUE

RÉALISATION, SCÉNARIO, DIALOGUES François Truffaut (adaptation d'après un roman de Henri-Pierre Roché) DIALOGUES ET ADAPTATION Jean Gruault MUSIQUE Georges Delerue MONTAGE Claudine Bouché.

DISTRIBUTION

Jeanne Moreau (Catherine) ; Oskar Werner (Jules) ; Henri Serre (Jim) ; Marie Dubois (Thérèse) ; Boris Bassiak (Albert) ; Sabine Haudepin (Sabine) ; Anny Nelsen (Lucie) ; Sabine Haudepin (Sabine, la petite) ; Vanna Urbino (Gilberte) ; Michel Subor (voix du narrateur).

RÉSUMÉ DU FILM

Nous sommes à Paris, au début des années folles. Jim, un Français, et Jules, un Autrichien, sont devenus des amis inséparables. Ils tombent amoureux de la même femme, Catherine, mais c'est Jules que Catherine épouse. Après la guerre, Jim les rejoint en Suisse. Catherine avoue qu'elle n'est pas heureuse avec Jules, qui accepte qu'elle prenne Jim pour amant.

DATE DE SORTIE EN FRANCE

11 avril 1962

ÉQUIPE TECHNIQUE

RÉALISATION, SCÉNARIO, DIALOGUES Agnès Varda PRODUCTION Georges de Beauregard et Carlo Ponti DIRECTRICE DE PRODUCTION Bruna Drigo ASSISTANTS-RÉALISATION Bernard Toublanc-Michel et Marin Karmitz ASSISTANT-OPÉRATEUR Paul Bonis MUSIQUE Michel Legrand SON Julien Coutellier, Jean Labussière SCRIPTE Aurore Paquiss MONTAGE Janine Verneau, Pascale Laverrière.

DISTRIBUTION

Corinne Marchand (Cléo) ; Loye Payen (Irma, la cartomancienne) ; Dominique Davray (Angèle) ; Jean Champion (le patron du café) ; Jean-Pierre Taste (le garçon de café) ; Renée Duchateau (la vendeuse de chapeaux) ; Lucienne Marchand (la conductrice du taxi) ; José Luis de Vilallonga (l'amant de Cléo) ; Michel Legrand (Bob) ; Serge Korber (Plumitif) ; Dorothée Blanck (Dorothée) ; Raymond Cauchetier (Raoul, le projectionniste) ; Antoine Bourseiller (Antoine) ; Robert Postec (le docteur Valineau).

RÉSUMÉ DU FILM

Deux heures en fin d'après-midi, les aléas de Florence, alias Cléo, chanteuse en vogue dans l'attente du résultat de ses analyses médicales. Elle a peur…

DATE DE SORTIE EN FRANCE

25 janvier 1963

ÉQUIPE TECHNIQUE

RÉALISATION, SCÉNARIO Jean-Luc Godard PRODUCTION Georges de Beauregard MONTAGE Agnès Guillemot, Lila Herman, Nadine Marquand MUSIQUE Maurice Leroux.

DISTRIBUTION

Michel Subor (Bruno Forestier); Anna Karina (Veronica Dreyer); Henri-Jacques Huet (Jacques); Paul Beauvais (Paul); László Szabó (Laszlo);

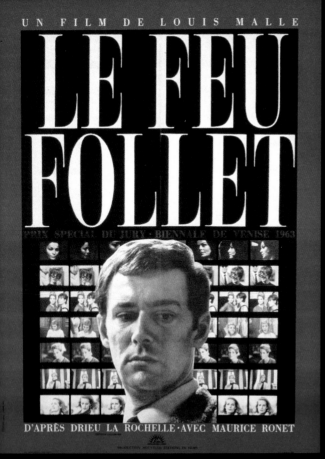

UN FILM DE LOUIS MALLE

LE FEU FOLLET

PRIX SPÉCIAL DU JURY · BIENNALE DE VENISE 1963

D'APRÈS DRIEU LA ROCHELLE · AVEC MAURICE RONET

DATE DE SORTIE EN FRANCE

14 octobre 1963

ÉQUIPE TECHNIQUE

RÉALISATION, SCÉNARIO Louis Malle (adaptation d'après le roman de Drieu La Rochelle).

DISTRIBUTION

Maurice Ronet (Alain Leroy); Léna Skerla (Lydia); Yvonne Clech (Mademoiselle Farnoux); Hubert Deschamps (D'Averseau); Jean-Paul Moulinot (Dr. La Barbinais); Mona Dol (Madame La Barbinais); Pierre Moncorbier (Moraine); René Dupuy (Charlie); Bernard Tiphaine (Milou); Bernard Noël (Dubourg); Ursula Kubler (Fanny); Jeanne Moreau (Eva); Alain Mottet (Urcel); François Gragnon (François Minville); Romain Bouteille (Jérôme Minville); Jacques Sereys (Cyrille Lavaud); Alexandra Stewart (Solange); Claude Deschamps (Maria); Tony Taffin (Brancion); Henri Serre (Frédéric).

RÉSUMÉ DU FILM

Un homme en cure de désintoxication décide de mettre fin à ses jours. il regagne Paris pour prendre congé de ses amis.

personnalité de son auteur que par le style du film et son mode de production. Le fait qu'il contraigne aujourd'hui sur la Croisette cinquante producteurs de type classique à se poser des questions angoissées et à chercher à produire des films de même type marque une date dans l'histoire du cinéma français d'après-guerre. *Les Quatre Cents Coups*, ce ne serait au fond qu'un film bouleversant et la confirmation du talent de l'ami François, si ce n'était soudain aussi la fusée qui éclate en plein camp ennemi et consacre sa défaite par l'intérieur. » Doniol voit juste. La puissance de la bombe est d'autant plus grande qu'elle a explosé à Cannes, où sont rassemblés un nombre suffisant de producteurs, distributeurs, réalisateurs, acteurs, critiques, journalistes, pour qu'en un éclair tout le cinéma français en soit bouleversé : « La porte ébran-lée sous la pression de Chabrol, Franju, Rouch, Reichenbach et autres gaillards de même calibre, soudain cède et un avenir commence. »

Sur cette lancée, accompagnés d'une critique exceptionnellement nombreuse, les trois principaux films des débuts de la Nouvelle Vague sortent à Paris en quelques semaines : *Les Cousins* de Chabrol, fin mars 1959, a précédé de peu la « révolution cannoise », *Les Quatre Cents Coups* au début du mois de juin et *Hiroshima mon amour* à la mi-juin. Si

l'on ajoute *À bout de souffle* de Jean-Luc Godard, produit par Georges de Beauregard dans la foulée du Festival de Cannes, tourné en août et septembre, monté durant l'automne, puis présenté sur les écrans au début du mois de mars 1960, on tient le quatuor de films et d'auteurs qui, en quelques mois, a imposé la Nouvelle Vague. Chacun de ces films est un grand succès, surtout à son échelle : ils ont coûté entre 40 et 70 millions d'anciens francs, soit près de quatre fois moins qu'un film « de qualité », et engrangent les recettes laissées par 350 000 à 450 000 spectateurs. De plus, chaque film apporte sa touche particulière au tableau collectif de la Nouvelle Vague.

Chabrol et ses *Cousins* illustrent le plus directe-ment le portrait de la jeunesse tiré des enquêtes d'opinion. Paul et Charles, les deux cousins (Jean-Claude Brialy et Gérard Blain), de même que Florence (Juliette Mayniel), incarnent avec désinvolture des jeunes gens qui ne peuvent que se donner en spec-tacle à eux-mêmes, coupés du monde des adultes, du travail, occupés par leurs études et surtout par leurs amours menées avec une certaine naïveté ou un cynisme détaché. Chabrol observe cette jeune bour-geoisie comme un chasseur qui refermerait son piège sur elle, qui la prendrait dans son filet, et qui la regar-derait se débattre, s'enfoncer, perdre peu à peu ses

moyens, mais, en cela, se révéler au grand jour d'un cinéma sans concession. Il a voulu, dit-il, « traiter le thème de l'étouffement de la pureté dans le monde moderne ». Et son histoire, simple comme une fable, s'y prête : Charles, un étudiant provincial qui monte à Paris pour y préparer un concours, s'installe à Neuilly chez son cousin, Paul, un jeune homme riche et arrogant, cynique et brillant, menant une vie dissolue. Charles voit peu à peu s'évanouir ses chances d'amour, d'amitié et de succès, et finit par mourir, comme dans un jeu accidentel, lorsque Paul tire sur lui avec le revolver qu'il avait lui-même chargé. C'est ce regard, voyeur, jouisseur, très aigu et intelligent, que le public est invité à venir voir dans *Les Cousins*.

François Truffaut, grâce aux *Quatre Cents Coups*, impose le cinéma comme autoportrait, comme journal intime, comme une lettre manuscrite écrite à la première personne. Antoine Doinel est à la fois *l'alter*

ego du cinéaste, un personnage qui raconte sa propre adolescence, et le double de chaque spectateur. Doinel illustre ce que Truffaut pouvait prophétiquement écrire en mai 1957, dans un texte intitulé « Le film de demain sera tourné par des aventuriers » : « Le film à venir m'apparaît plus personnel encore qu'un roman, individuel et autobiographique comme une confession ou comme un journal intime. Les jeunes cinéastes s'exprimeront à la première personne et nous raconteront ce qui leur est arrivé : cela pourra être l'histoire de leur premier amour ou du plus récent, leur prise de conscience devant la politique, un récit de voyage, une maladie, leur service militaire, leur mariage, leurs dernières vacances et cela plaira presque forcément parce que ce sera vrai et neuf. Le film de demain ne sera pas réalisé par des fonctionnaires de la caméra, mais par des artistes pour qui le tournage d'un film constitue une aventure formidable et exaltante. Il faut être follement ambitieux et follement sincère. Le film de demain ressemblera à celui qui l'a tourné. Le film de demain sera un acte d'amour... » *Les Quatre Cents Coups* sont, en quelque sorte, l'histoire de cette « folie », de cet « acte d'amour », un manifeste filmé pour la défense d'un « auteur » de film authentique et sincère. Il n'existe en effet dans l'esprit de Truffaut qu'une seule voie possible pour le jeune cinéma français, celle de l'auteur s'exprimant à la première personne du singulier, à la fois cinéaste et scénariste, assez généreux pour imposer ses vues, choisissant librement toute son équipe, ses acteurs, ses décors, sa musique, son histoire, dialoguant d'égal à égal avec son producteur. C'est un modèle qui n'existe pas encore, ni à Hollywood ni au sein de la qualité française, mais que la Nouvelle Vague est en train de mettre en place.

Un autre élément permet à Alain Resnais d'imposer *Hiroshima mon amour* : la construction littéraire, intellectuelle, moderne de son film. Dès ce moment, en effet, Resnais est la conscience moderne de la Nouvelle Vague, une conscience qui s'exprime à travers un style très personnel : le récit fragmenté, fonctionnant par réminiscences successives ; le collage des plans, par correspondances poétiques ; la présence des dialogues, empruntés au nouveau roman. Une jeune femme française (Emmanuelle Riva) se trouve à Hiroshima où elle participe aux prises de vues d'un film de propagande pour la paix. La veille de son départ, elle passe la nuit avec un Japonais rencontré dans un bar. Par bribes, la femme évoque alors l'épisode traumatique de son passé. À dix-huit ans, fille d'un pharmacien de Nevers, elle a été amoureuse d'un soldat allemand pendant l'occupation. Le jeune homme a été tué par les résistants. À elle, on a tondu la tête, et elle a failli devenir folle d'amour et de douleur. Le spectateur du film découvre cette histoire peu à peu, placé face au couple nu, enlacé dans la pénombre, écoutant la voix de la femme, au gré des conversations et des réminiscences. C'est au récit d'une mémoire qu'il assiste, pris par la beauté des images, la lenteur du rythme, les répétitions ou la soudaineté des passages, envoûté par les dialogues écrits par Marguerite Duras, murmurés, impudiques : « Tu me tues, tu me fais du bien. Dévore-moi, déforme-moi jusqu'à la laideur... »

À bout de souffle est, autant qu'*Hiroshima mon amour*, le manifeste esthétique de la Nouvelle Vague. Le film de Godard réinvente sans cesse : les transitions systématiquement coupées, éludées, les plans fixes, les arrêts sur image, le regard-caméra, les répétitions proposent une grammaire totalement inédite. La lumière blanche dans laquelle baignent les personnages et la caméra portée à l'épaule les suivant sans cesse offrent tout à la fois une distance par rapport à l'histoire et une force de vérité quasi documentaire. Les figures du film, stylisées par leurs gestes, leurs apparences, leurs tics, leurs comportements, composent une sorte de ballet primitif. Enfin, les dialogues et les voix, postsynchronisés, parfois désynchronisés, donnent à la bande-son une autonomie qui en fait à elle seule un second récit, presque un second film où se reflète le premier. *À bout de souffle*, par sa nouveauté, ses provocations radicales, son irrespect des règles de conduite du cinéma classique, a donc attisé les refus, les rejets, mais aussi avivé les enthousiasmes et les appels au bouleversement du cinéma. Ce scandale fait le succès du film : il fait voir jusqu'où le jeune cinéma peut aller dans la remise en cause de l'ancien monde. Et chaque attaque contre le film, fût-elle la plus violente, ne peut aller que dans ce sens. « Les cinéastes des *Cahiers*, écrit ainsi Robert Benayoun, ont institué un régime de dilettantisme cinglant, une volonté paradoxale qui leur fit adopter par pur caprice certaines techniques néoréalistes que l'Italie d'après-guerre avait acquises par nécessité. *À bout de souffle* instaure ainsi une mode du n'importe quoi, fait n'importe comment, qui certes procède d'un mécontentement foncier envers le langage filmique traditionnel, mais dont les convulsions ne dépassent pas le niveau du débraillé. C'est, dans toute l'acceptation du terme, le cinéma-brouillon. C'est un cinéma pour voir si l'on est capable de faire du cinéma. » Ces attaques, outre qu'elles ont lancé un film fondé sur la polémique et la provocation, dont le succès s'est nourri des disputes, des discussions les plus vives, ont aussi le défaut d'être aveugles. Il est évident que Godard savait ce qu'il voulait en brusquant ses transitions, en taillant ses plans, en recollant ses images, en les arrêtant ou en les faisant disparaître. La légende d'un montage réalisé au petit bonheur la chance ne tient pas face à la vision du film, très construit, très pensé, même s'il est construit et pensé à partir du désordre et de la fragmentation. Godard est, plus simplement, le premier à avoir osé le faire dans un film commercial, parce que le contexte de sympathie et de curiosité qui entourait la Nouvelle Vague le lui permettait. Le « style Godard » est mûrement réfléchi et il introduit, d'évidence, l'une des ruptures majeures dans l'histoire de l'art contemporain.

JEAN-LUC GODARD DIRIGE JEAN-PAUL BELMONDO ET LILIANE DAVID DANS L'UNE DES PREMIÈRES SCÈNES D'*À BOUT DE SOUFFLE*. DOUBLE PAGE SUIVANTE : SUR LES CHAMPS-ÉLYSÉES, PRÉCÉDANT SEBERG ET BELMONDO, GODARD ACCOMPAGNE LE TRIPORTEUR DE POSTE OÙ EST CACHÉ RAOUL COUTARD AVEC SA CAMÉRA.

Esquisse d'un portrait de groupe

Les Quatre Cents Coups: 450 000 entrées;
Les Cousins: 416 000; **À bout de souffle**: 380 000;
Hiroshima mon amour: 342 000.

D'un printemps à l'autre, entre mai 1959 qui consacre Truffaut et le mois de mars 1960 rythmé par les files d'attente d'*À bout de souffle*, la Nouvelle Vague est une affaire qui marche. Les producteurs, un temps désorientés par l'écroulement de la qualité française, alléchés par les premiers succès de Pierre Braunberger et de Georges de Beauregard, donnent ainsi leur chance à un nombre incroyable et irréaliste de jeunes cinéastes. À la suite du Festival de Cannes 1959 et des premiers grands succès de la Nouvelle Vague, une multitude de « films jeunes » sont tournés à travers la France. En trois années, ils seront exactement cent quarante-neuf « néocinéastes » à tourner leur premier film, afflux de sang neuf jamais rencontré auparavant dans l'histoire du cinéma mondial. Les premiers mois de cette effervescence sont décrits par tous les témoins directs – réalisateurs ou critiques – comme une expérience unique. André Labarthe, dans les *Cahiers du cinéma*, en parle avec enthousiasme : « Pendant un an, on assista à une véritable floraison de films de critiques, films auxquels d'emblée le public fit un triomphe. De son côté, la critique se mit naturellement à défendre ces films. Pendant plusieurs mois régna un équilibre extraordinaire entre le public, la critique et les films. » Truffaut, quant à lui, se souvient d'un moment d'euphorie personnelle et collective : « Lorsque tout allait bien, cela dépassait toute espérance. À la fin 1959, nous étions en plein rêve, tout se passait dans des conditions inimaginables un an auparavant. Nous étions en pleine euphorie ; la situation était anormalement bonne. Il est normal qu'elle ait suscité des rêves, même un peu délirants. »

Cet état d'apesanteur artistique, au sens où plus rien, durant quelques mois, ne fait problème, ni les contraintes techniques – puisque l'on s'est affranchi des studios et des tournages longs et compliqués –, ni la recherche d'un financement – les producteurs sont en attente de jeunes talents –, est relayé par la presse. Très vite, les écrits affluent, s'interrogeant avec sympathie et intérêt sur le pourquoi et le comment du « phénomène Nouvelle Vague ». *L'Express* et *Arts* sont les plus prompts à l'analyse (et à l'exploitation journalistique du filon). Dès le 7 mai 1959, *L'Express* organise dans ses locaux des Champs-Élysées le « débat de la Nouvelle Vague ». Il s'agit plus exactement d'un dialogue contradictoire entre jeunes et anciens, à savoir « Malle-Chabrol (trente ans) » contre « Clouzot-Becker (cinquante ans) ». La discussion tourne court, même si elle est intéressante, les quatre cinéastes semblant d'accord sur bien des points. Dans *Arts*, le 27 mai 1959, le dossier « Nouvelle Vague » est plus consistant. Il s'agit des actes du « colloque » tenu par les jeunes cinéastes au château de La Napoule, près de Cannes, quinze jours auparavant. « Dix-sept jeunes metteurs en scène donnent leurs mots de passe », titre l'hebdomadaire en première page. En effet, Baratier, Camus, Chabrol, Doniol-Valcroze, Franju, Godard, Hossein, Kast, Malle, Molinaro, Pollet, Resnais, Reichenbach, Rozier, Truffaut, Vadim, Valère ont tenu une longue discussion à bâtons rompus, un peu désordonnée même si elle est très foisonnante, où il est question du « cinéma comme passion » et non comme métier, de la « liberté totale dans le choix du sujet et des interprètes », du « refus de l'étiquette d'avant-garde », de la « volonté de travailler au cœur du cinéma français ». On tient là, consacrée par une photographie de groupe prise sur les marches du château de La Napoule, la manifestation publique d'un mouvement collectif et cohérent.

Pourtant, ce mouvement hésite à se nommer « Nouvelle Vague ». Dans *Arts*, l'expression consacrée est plutôt « Jeune Cinéma » ou encore « Jeune Classe ». *Elle*, dans un dossier spécial, parle des « Jeunes Lions » du cinéma français ; *Les Lettres françaises* préfèrent les jeunes Turcs ; *Jours de France*, dans une enquête abondamment illustrée, évoque les « Enfants terribles » ; *Lectures d'aujourd'hui* invente l'expression « Jeune Vague » ; *France-Soir* use d'une référence littéraire classique mêlée à une citation politique récente pour dresser le portrait des « Jeunes Rastignac du septième art » qui ont « sorti les sortants » du cinéma français traditionnel. Finalement, l'expression « Nouvelle Vague » ne s'impose sans concurrence qu'à l'étranger, soit en français dans le texte, soit en anglais : « New Wave ». Pendant quelques mois, il n'est pas une revue internationale sans un article sur la Nouvelle Vague ni un festival sans un débat sur le phénomène du cinéma français (par exemple à la Mostra de Venise, en septembre 1959).

Si cette appellation pose problème, c'est essentiellement parce que les jeunes cinéastes français, principalement les chefs de file du mouvement, s'en méfient. Pierre Kast, dont *Le Bel Âge* sort au début de l'année 1960, exprime bien cette défiance dans un texte paru en juin 1959 dans *Présence du cinéma :* « Il se passe quelque chose dans le cinéma, en France, mais il serait illusoire d'en tirer des conclusions erronées. On ne peut pas dire qu'il suffit qu'un film soit réalisé en marge de la production courante pour qu'il soit bon. Ni qu'il est obligatoire de disposer d'un petit budget. On ne peut pas dire qu'il existe une sorte de "nouvelle école" Les conversations menées avec les jeunes cinéastes par *Radio Cinéma Télévision* et *Le Monde* aboutissent à des conclusions similaires : « La Nouvelle Vague n'existe pas », titre l'hebdomadaire catholique ; « Y a-t-il réellement une Nouvelle Vague ? » s'interroge le quotidien. Truffaut est le premier à répondre, par l'ironie et la négative : « Je ne vois qu'un point commun entre les jeunes cinéastes : ils pratiquent tous assez systématiquement l'appareil à sous et le billard électrique, contrairement aux vieux metteurs en scène qui préfèrent les cartes et le whisky. En dehors de ce jeu, je constate surtout qu'il existe essentiellement des différences entre nous. Certes, nous nous connaissons, parfois depuis dix ans, nous aimons les mêmes films, nous échangeons des idées avec sympathie, mais quand on juge sur l'écran les résultats de nos réalisations, on constate que les films de Chabrol n'ont rien à voir avec ceux de Malle qui n'ont rien à voir avec le mien. » Les principaux jeunes cinéastes doutent ainsi de l'existence d'un véritable « effet de groupe », développant une philosophie du « chacun pour soi » qui, outre une illustration de l'individualisme parfois associé à la nouvelle génération, est aussi un geste de

défiance envers la masse des apprentis cinéastes anonymes qui s'apprêtent à tourner leur premier film. Chabrol, dans *L'Express*, est le plus franc à ce propos : « Ne nous faisons pas d'illusion. Il y a un revers de la médaille au succès actuel de la Nouvelle Vague : le fait que certains gars, qui sont d'extraordinaires fumistes, vont réussir à tourner. Et c'est le cinéma, notamment le jeune cinéma, qui va trinquer ! »

Que désigne donc alors exactement la Nouvelle Vague ? Au-delà, ou plutôt en deçà du phénomène de société, de la mode d'un été, elle regroupe plusieurs cercles de cinéastes aux diamètres très différents. Les nouveaux cinéastes débutant dans le long métrage entre 1957 et 1962 forment le cercle le plus large, soit près de cent cinquante metteurs en scène et plus de deux cent cinquante films (car plusieurs, notamment les têtes de file du mouvement, ont pu enchaîner plusieurs tournages très rapprochés). La plupart de ces jeunes cinéastes ne perceront pas, et leur carrière durera ce qu'a duré la vague, emportés par le reflux vers d'autres horizons. Une vingtaine de réalisateurs, cependant, poursuivront leur œuvre, souvent de façon très personnelle. Il s'est alors constitué un public, certes restreint mais suffisant, en France et à l'étranger, qui permet aux auteurs issus de la Nouvelle Vague de continuer à travailler de façon indépendante. C'est parmi ces auteurs que l'on peut distinguer sinon quelques « écoles », du moins certaines filiations. Le groupe issu des *Cahiers du cinéma* tout d'abord, jeunes Turcs devenus cinéastes tels Chabrol, Truffaut, Godard, Rivette, Rohmer, véritable noyau dur de la Nouvelle Vague. Les auteurs « rive gauche » ensuite, certains plus intellectuels, très littéraires, travaillant avec les écrivains du Nouveau Roman, et marqués par leur engagement politique à gauche : Resnais, Doniol-Valcroze, Kast, Chris Marker, Agnès Varda. Ceux que l'on pourrait regrouper (un peu artificiellement) sous le nom d'« aventuriers de la caméra », adeptes des expériences de caméra légère, de cinéma direct, pris sur le vif, proches de l'école documentaire, tels Jean Rouch, François Reichenbach, Pierre Schoendoerffer. Quelques francs-tireurs, inclassables, autodidactes de la caméra, comme Jacques Demy, Jean-Pierre Mocky ou Jacques Rozier. Enfin, un dernier groupe, plus éclaté encore, comportant de jeunes cinéastes issus du cinéma commercial (ils ont fait une carrière d'assistant dans les années cinquante) mais portés par la vague au point de s'identifier à elle (Roger Vadim, Louis Malle, Édouard Molinaro, Claude Sautet, Philippe de Broca).

Au colloque de la Napoule, en mai 1959, première photo de famille qui n'existe pourtant pas.
Au premier rang, de gauche à droite : Truffaut, Vegel, Félix, Séchan.
Au deuxième rang : Molinaro, Baratier, Valère.
Au troisième rang : Reichenbach, Hossein, Pollet, Camus.
Au quatrième rang : Chabrol, Doniol-Valcroze, Godard, Rozier.

Une révolution dans le cinéma

**Cette typologie d'auteurs, cependant,
n'est pas satisfaisante car elle ne rend compte
en rien de l'impact réel du phénomène**
Nouvelle Vague. Il s'agit plutôt de voir ce qui, en
quelques mois, a changé dans le cinéma français.
Alors se détachent des points communs, quelques
caractéristiques partagées qui permettent de définir
la cohérence d'un mouvement et de mesurer la
profondeur d'un renouvellement. La Nouvelle Vague
est d'abord un événement économique. Le trait
commun des réalisateurs de la Nouvelle Vague est
moins leur jeunesse ou leur inexpérience que les
conditions exceptionnelles dans lesquelles leurs
premiers films ont été produits. Là réside la radicale
nouveauté ouvrant une brèche dans le système
traditionnel : les jeunes cinéastes ont contourné
aussi bien les règles de la production que les charges
syndicales pesant sur la corporation du cinéma
français. Pour imposer une transformation esthétique,
les jeunes cinéastes furent d'abord contraints de
réussir une révolution dans le mode de production,
passage obligé entre l'idée du cinéma qu'ils se
faisaient et la pratique qu'ils allaient mettre en œuvre,
passage qui ressemblait à un goulet d'étranglement
dans un art géré comme une industrie. Ce goulet
prenait alors la forme de longues années d'assistanat

servant à gagner la confiance des producteurs et des
syndicats. Faire sauter ce verrou a consisté pour
les jeunes cinéastes à mettre sur pied de petites
structures de production susceptibles de financer
leurs propres films, donc de court-circuiter le *cursus
honorum* classique de la profession. Jusqu'alors,
quelques « films jeunes » avaient certes été réalisés,
par Alexandre Astruc *(Les Mauvaises Rencontres,*
1955), Roger Vadim *(Et Dieu créa la femme,* 1956),
Louis Malle *(Ascenseur pour l'échafaud,* 1957),
mais à l'intérieur du système de production traditionnel, constituant en quelque sorte d'intéressantes
exceptions ne remettant pas en cause la production
normale. Deux autres « ancêtres » de la Nouvelle
Vague, en revanche, ont réussi à travailler en marge
des règles financières, administratives et syndicales :
Jean-Pierre Melville avec *Le Silence de la mer* dès
1947, Agnès Varda et *La Pointe courte* en 1954. Films
réalisés de manière artisanale, au budget dérisoire,
sans producteur connu attitré, ils n'étaient que travaux
d'« amateurs » en regard de la loi et de la corporation.
Pourtant, ils sortirent en salles, furent vus, et trou-
vèrent quelques années plus tard leur postérité.

JEAN-LUC GODARD,
CAHIER DE NOTES À LA MAIN,
RAOUL COUTARD,
DERRIÈRE UNE CAMÉRA
CAMEFLEX.

En 1957, Chabrol puis Truffaut fondent leur propre société de production afin de réaliser leurs projets en toute indépendance. Le premier bénéficie d'un héritage de son épouse et invente l'AJYM, des initiales de sa femme, Agnès, et de celles de ses deux enfants Jean-Yves et Mathieu. Avant même d'avoir obtenu l'accord d'un distributeur, Chabrol commence le tournage du *Beau Serge*, en février 1957, à Sardent, dans la Creuse, avec juste ce qu'il faut de pellicule Gevaert, une 2 CV pour les travellings, des amis pour assistants, de jeunes acteurs en participation, et un directeur de la photographie, Henri Decae, rompu aux méthodes des tournages rapides. Une fois le film réalisé, pour un budget, jugé « inconscient », de 36 millions d'anciens francs, Chabrol le montre à la Commission d'aide à la qualité. Celle-ci, jugeant contre toute attente l'expérience réussie, lui accorde une prime de 35 millions, immédiatement investie par l'auteur dans le tournage des *Cousins*, son deuxième film. L'expérience de Chabrol est exemplaire : il joue et gagne sur les deux tableaux, contournant les règles du système grâce au coup de force que représente la fondation de sa propre société et son mode de tournage « amateur », mais bénéficiant en retour de l'aide publique sous la forme d'une prime du Centre national cinématographique (CNC). Truffaut met au point des ruses assez semblables : bénéficiant du soutien de son beau-père, Ignace Morgenstern, un distributeur important sur la place de Paris, pour fonder une petite société indépendante, « Les Films du Carrosse » (en hommage à Jean Renoir et à son *Carrosse d'or*), qui finance le tournage des *Mistons*, à Nîmes, au cours de l'été 1957, à hauteur de 25 millions de francs. Ce même procédé lui permet, en novembre 1958, de commencer *Les Quatre Cents Coups* pour 40 millions de francs, toujours avec des acteurs peu connus, des décors naturels, des amis assistants et Henri Decae comme directeur technique.

Les principaux réalisateurs de la Nouvelle Vague, tout en s'appuyant sur quelques producteurs favorables au jeune cinéma, Pierre Braunberger (Rivette, Truffaut, Doniol-Valcroze, Kast, Godard), Georges de Beauregard (Godard, Demy, Rozier), Anatole Dauman (Resnais, Varda, Godard, Duras), suivront cette voie de l'indépendance : Varda, Rohmer, Mocky ou Godard ne tarderont pas à fonder leur propre société, illustrant ce que l'on peut désigner comme une des rares « aventures » d'un système de production française généralement très frileux. Truffaut, dans un entretien réalisé en 1961, souligne toute la portée de cette aventure : « La profession cinématographique s'alar-

mait devant la crise, mais personne n'envisageait la possibilité de diminuer les devis des films. Car personne, dans la corporation, n'avait intérêt à faire baisser les prix. Il a fallu l'arrivée dans l'industrie du cinéma de jeunes réalisateurs devenant eux-mêmes leur propre producteur pour que l'expérience fût tentée. Elle a été concluante. Comme l'a dit Roger Leenhardt, avec la Nouvelle Vague, le "cinéma à compte d'auteur" a fait son apparition et a tout chamboulé. » Ce « chamboulement » s'appuie cependant sur une rénovation et une extension des subventions distribuées par le CNC. La Nouvelle Vague, ainsi, coïncide avec la première génération du cinéma français à bénéficier du « système » particulier mis en place pour soutenir le cinéma national. Car les jeunes cinéastes ne se privent pas de puiser dans les fonds d'aides aux courts et aux longs métrages mis en place depuis le début des années cinquante, mais que le ministère Malraux, dès sa fondation en 1959, rend immédiatement plus dotés et plus efficaces. C'est exactement en septembre 1948 qu'est instaurée la TSA (taxe spéciale additionnelle) par le CNC, taxe perçue sur tous les billets d'entrée en France afin d'alimenter un « fonds de développement » rebaptisé « fonds de soutien. » Cette méthode d'autofinancement forcé vise à intensifier la production nationale, la TSA frappant l'ensemble des recettes y compris celles des films étrangers, et demeurera le soubassement subventionniste et protectionniste assez typique du système cinématographique français. Une loi renforce et complète la TSA en 1953, reprenant son principe mais en y ajoutant un « critère de qualité », instituant pour la première fois une forme de prime à la qualité bénéficiant aux films français « de nature à servir la cause du cinéma français ou à ouvrir des perspectives nouvelles de l'art cinématographique ».

Concrètement, cette prime, faisant ressentir ses effets à partir de 1955, va d'une part renforcer la production la plus reconnue du cinéma national, ce que les jeunes Turcs dénoncent à longueur de colonnes polémiques sous le terme ironiquement choisi de « qualité française », mais permet également un financement parfois décisif pour l'autre part du cinéma français, le « jeune cinéma ». Dès décembre 1956, Jacques Flaud, influent directeur du CNC, dénonce ainsi les « effets néfastes » de l'aide automatique à tous les films français, et renforce notablement l'aide à la qualité, en insistant de plus sur le jeune cinéma, scellant une alliance objective des autorités institutionnelles avec la future Nouvelle Vague. Ce

UN DES DERNIERS PLANS
D'*À BOUT DE SOUFFLE*,
ENREGISTRÉ DANS LA RUE,
DANS LA VIE.

programme d'aide au jeune cinéma est énoncé dans *La Revue du CNC* au début de l'année 1957, et apparaît tout à fait synchrone avec la montée de la Nouvelle Vague. C'est sans doute la première fois dans l'histoire culturelle qu'un mouvement artistique novateur est d'emblée soutenu par une institution officielle de son pays. Le 11 janvier 1957, *Le Film français*, hebdomadaire de la profession, présente de manière très positive et emphatique (« *Une nouvelle jeunesse pour notre cinéma…* ») la réforme du fonds de développement. De plus, à la grande fureur des syndicats professionnels du cinéma qui protestent contre ce qu'ils considèrent comme un « détournement des subventions » et une manière de « contourner les normes de qualité pour privilégier un amateurisme dangereux », un assouplissement des critères techniques vise bientôt à faciliter les dérogations permettant aux très jeunes cinéastes de tourner leur premier film, et l'attribution des primes à la qualité suit

des recommandations favorables aux premiers et seconds films, ainsi qu'à certaines œuvres d'auteurs qui vont bénéficier aux producteurs finançant les essais initiaux de la Nouvelle Vague.

En 1956, plusieurs films bénéficient de cette prime, notamment *Un condamné à mort s'est échappé* de Bresson, ou *Grand'Rue* de Bardem, et c'est, dans les deux cas, Georges de Beauregard et Pierre Braunberger qui empochent la prime, ce qui leur permettra de produire *À bout de souffle* de Godard et *Tirez sur le pianiste* de Truffaut. En 1957, *Le Beau Serge* de Chabrol est le premier film de la Nouvelle Vague à bénéficier directement d'une prime, à hauteur de 35 millions de francs (sur un coût total de 42 millions pour cet opus initial), somme qu'il investit immédiatement dans la production de son second film, *Les Cousins*. La même année, trois autres films de la nébuleuse Nouvelle Vague bénéficient de telles subventions institutionnelles :

Un amour de poche de Pierre Kast, *Ascenseur pour l'échafaud* de Louis Malle, et *Goha* de Jacques Baratier. Au printemps 1958, Jacques Flaud se fait lyrique dans *Le Film français*, et, à l'occasion d'un texte intitulé « Jeunesse commune », promet des aides efficaces aux néocinéastes tout en défendant l'idée que le cinéma français ne peut que se trouver plus aise de cet afflux de sang neuf : « J'aime les jeunes ayant un passé et les hommes ayant un avenir », lance-t-il en conclusion. Enfin, dans un nouveau texte très politique, Flaud esquisse, le 20 juin 1958, une stratégie qui signe l'allégeance du CNC (et de ses aides aux jeunes cinéastes) au nouveau pouvoir fraîchement installé, celui du général de Gaulle et de son ministre André Malraux. Flaud y dit une ambition gaullienne pour le cinéma : soutenir la loi de développement en favorisant une prime à la qualité qui bénéficie de plus en plus évidemment aux jeunes cinéastes.

Malraux reconnaît le bien-fondé de cette politique en s'engageant personnellement dans une action culturelle de soutien au cinéma et en donnant à son institution ministérielle une orientation qui, dans le domaine cinématographique, reprend largement celle définie par Flaud, qu'il encourage et conforte à la tête du CNC. Dès 1959, ainsi, le transfert symbolique du cinéma du ministère de l'Industrie et du Commerce, dont il dépendait jusqu'alors, à celui des Affaires culturelles, affirme officiellement sa reconnaissance comme un art à part entière. Puis, très vite, le ministre renforce la politique de soutien à un cinéma français de qualité – dont bénéficie la Nouvelle Vague au premier chef, nous l'avons montré –, alors même que les spectateurs commencent à déserter les salles : instauration du système d'aides sélectives sous la forme d'une avance sur recettes, régime fiscal privilégié pour le réseau de cinémas d'art et d'essai, augmentation des subventions données à l'Institut des hautes études cinématographiques ou à la Cinémathèque française, construction pour cette dernière d'une seconde salle au palais de Chaillot.

Surtout, Malraux n'a pas caché son soutien personnel à la Nouvelle Vague naissante, coup de pouce amical et ministériel, au moment des sélections pour le Festival de Cannes 1959, contribuant grandement au choix osé des *Quatre Cents Coups* de François Truffaut et de *Hiroshima mon amour* d'Alain Resnais pour représenter officiellement la France. Godard n'oublie pas de le noter dans *Arts*, le 23 avril 1959 : « Sitôt la projection [des *Quatre Cents coups*] finie, les lumières se rallumèrent lentement dans la petite salle. Il y eut quelques instants de silence. Puis Philippe Erlanger, envoyé du Quai d'Orsay, se pencha vers André Malraux : « Faut-il donc vraiment que ce film représente la France au Festival de Cannes ? – Mais oui, mais oui ! » Et c'est ainsi que le ministre des Affaires culturelles ratifia la décision du comité de sélection, lequel avait décidé d'envoyer à Cannes, tout seul, officiellement, au nom de la France, *Les Quatre Cents Coups*, le premier film de long métrage de François Truffaut. Ce qui est important, c'est que, pour la première fois, un film jeune est officiellement désigné par les pouvoirs publics pour montrer au monde entier le vrai visage du cinéma français. [...] Malraux ne s'y est pas trompé. Au fond des yeux de l'Antoine de Truffaut se coiffant nerveusement d'un feutre d'homme pour voler une machine à écrire dans Paris qui dort, l'auteur de *La Monnaie de l'absolu* était obligé de voir briller la petite flamme intérieure, le reflet intransigeant qu'il connaissait, car c'était le même qui miroitait il y a vingt ans sur le poignard de Tchen, à la première page de *La Condition humaine*. Ce reflet, le metteur en scène de *L'Espoir* était mieux placé que personne pour savoir ce qu'il signifiait : la première forme du talent d'aujourd'hui, au cinéma, c'est d'accorder plus d'importance à ce qui est devant la caméra qu'à la caméra elle-même, de répondre d'abord à la question : « Pourquoi ? » afin d'être ensuite capable de répondre à la question : « Comment ? » Autrement dit, le fond c'est la forme. Si le premier est faux, logiquement, la seconde sera fausse aussi. Ce coup de chapeau est aussi une déclaration d'amour mutuel : l'idylle entre le ministre emblématique du gaullisme culturel et la Nouvelle Vague est une réalité très concrète dans la France des débuts de la Ve République.

Cette mutation suppose également une conception très particulière du tournage, pratique élevée au rang d'éthique par la Nouvelle Vague. On a dit le rôle joué par un précurseur tel Jean-Pierre Melville, prônant tournage rapide, léger et équipe minimale, hors du studio, réalisant ainsi, en 1956, *Bob le flambeur*, un film immédiatement soutenu par les *Cahiers du cinéma*, et léguant aux jeunes cinéastes son directeur de la photographie, Henri Decae. L'utilisation de pellicules plus sensibles à la lumière naturelle, la postsynchronisation permettant de se passer du contraignant système d'enregistrement sonore, la rapidité élevée en dogme, le refus esthétique et théorique de l'enfermement dans de coûteux décors reconstitués en studio, la spontanéité des acteurs,

FRANÇOIS TRUFFAUT
ET SON ÉQUIPE
TOURNENT UN PLAN
DE *TIREZ SUR LE PIANISTE*.

le dévouement de jeunes assistants non contraints par les horaires et les impératifs syndicaux, tous ces éléments ont permis, encouragé, bientôt obligé la sortie dans les rues, dans les appartements réels, dans les campagnes. Là encore, il ne s'agit pas d'une nouveauté radicale – le néoréalisme italien, le western hollywoodien l'avaient déjà prônée à leur façon… –, mais d'un coup de force et d'un principe de survie qui offrent au jeune cinéma une vérité et des solutions qu'il aurait été vain de vouloir chercher dans les studios de la qualité française. Truffaut, dans un entretien accordé à *Arts* dès avril 1959, confirme l'intérêt de cette nouveauté : « Là où un metteur en scène chevronné tournait quinze prises, nous n'en tournons que deux ou trois. Cela stimule les acteurs qui doivent se jeter à l'eau. Nos images n'ont pas la perfection glacée habituelle des films français et le public a été touché par l'aspect spontané de nos réalisations. Tout cela confère aux films une vérité nouvelle. Par exemple, dans les films normaux, lorsqu'on tourne une scène avec des personnages à l'intérieur d'une voiture, on la réalise en studio en projetant en transparence des images filmées au préalable, qui défilent derrière les vitres de la voiture. On voit très bien que l'acteur ne conduit pas et qu'il

dit son texte sans s'intéresser au volant. Tous les spectateurs se demandent pourquoi la voiture ne rentre pas dans un arbre. Nous avons, pour la première fois depuis des années, fixé la caméra à l'avant de la voiture. Le résultat est que nous avons obtenu davantage de vérité des rues, de vérité du jeu de l'acteur, et ces scènes de voiture ont touché le public. Le cinéma traditionnel avait même perdu toute vérité superficielle. Les vêtements des acteurs, par exemple, n'étaient jamais froissés, les personnages jamais décoiffés. Je crois aussi beaucoup aux hasards et aux coups de chance survenus sur le tournage. Les choses bougent sur un plateau. Tourner en extérieur précipite encore les choses. Et cela nous permet d'être à l'affût de ces accidents, parfois d'improviser. Voilà quelques-unes des vertus des tournages tels que nous les préconisons. »

Cette vérité du tournage que retrouve la Nouvelle Vague en déplaçant le centre de gravité du film depuis le scénario, la vedette, le décor, vers le seul plateau et l'enregistrement décisif qui s'y joue, est illustrée par *À bout de souffle* et la collaboration qui s'y esquisse entre Jean-Luc Godard et Raoul Coutard, le directeur de la photographie, personnage clé du jeune cinéma. Coutard travaillera ensuite avec

Truffaut dès son deuxième film, *Tirez sur le pianiste*. « J'ai tout de suite aimé ces conditions de tournage qu'exigent les films au budget modeste, explique-t-il. Je suis arrivé avec mes mauvaises manières de reporter-photographe. J'aime le travail sur le vif et vite fait. Le joli, le "léché" m'écœurent. J'ai commencé par supprimer dans mes films tous les effets dits artistiques, ces choux gras des opérateurs, et au lieu de réclamer une armée de projecteurs, j'ai utilisé la lumière du jour. [...] Résultat : on a tourné quinze fois plus vite pour dix fois moins cher, et nos films décontractés et vivants avaient davantage d'ambiance. » Coutard raconte, dans un autre entretien, comment Godard, juste avant *À bout de souffle*, a décidé de tourner son film avec de la pellicule photographique Agfa, très sensible à la lumière réelle. Mais celle-ci n'existe pas pour le cinéma, et le fabricant ne la fournit qu'en rouleau de 17,50 mètres pour la photographie. Godard et Coutard ont passé plusieurs nuits à coller autant de bandes de 17,50 mètres qu'il fallait pour obtenir des bobines de film. « Les professionnels étaient fous de rage et totalement incrédules, rapporte Coutard. Ce sont eux qui ont fait circuler la rumeur comme quoi se tournait à Paris le plus mauvais film de l'année. » Débrouillardise, système D, provocation, tout le tournage d'*À bout de souffle*, très resserré dans le temps – à peine quatre semaines, soit deux à trois fois moins qu'un film normal –, et rempli de « trous » où l'équipe ne travaille pas, attendant l'inspiration du cinéaste, obéit à ces principes. Godard arrive le matin avec les dialogues du jour, qu'il donne au dernier moment à ses acteurs ; Coutard suit les scènes avec une caméra Cameflex légère, portée à même l'épaule « pour aller vite, tout simplement. Je ne pouvais pas me permettre un matériel normal qui aurait prolongé le tournage de trois semaines. » Sur les Champs-Élysées, la caméra est même cachée dans une voiture à bras des PTT poussée ou tirée par Godard pour mieux filmer l'environnement « sur le vif » de l'avenue où le couple Belmondo-Seberg circule de façon extrêmement décontractée. « Imaginez que c'est un reporter qui suit les personnages, m'avait dit Godard », confie Coutard. Georges Sadoul, dans *Les Lettres françaises*, a immédiatement compris que cette singulière technique constituait le fondement de la révolution cinématographique en cours : « Aucun moins de trente ans n'avait encore jeté bas avec une telle maestria les vieux échafaudages. Godard a flanqué au feu toutes les vieilles syntaxes du film. Portée sur l'épaule de Raoul Coutard, sans cesse secouée par son pas et sa respiration, la caméra ne reste jamais immobile. Son mouvement perpétuel s'accorde avec la constante agitation et le trafic de Paris. Laissant les protagonistes sur un trottoir, son objectif va d'un bond cadrer les généraux Eisenhower et de Gaulle remontant les Champs-Élysées. Rôdant dans une chambre d'hôtel, la caméra laisse un des interlocuteurs disparaître de l'écran. Bon moyen d'éviter le champ contrechamp, cette trop vieille convention. »

Suivant cette logique du tournage rapide, léger, économique, la Nouvelle Vague change également la place et le travail des acteurs. Le « système de la vedette », fondé sur une hiérarchie admise et immuable depuis quelques années déjà, autour de Jean Gabin, Fernandel, Pierre Fresnay, Gérard Philipe, Michèle Morgan, Danielle Darrieux, Martine Carol, s'efface de lui-même. D'une part parce qu'aucun budget de la Nouvelle Vague ne l'autoriserait, d'autre part, et surtout, parce que l'idée de coller à la vérité de la vie suppose de jeunes acteurs inconnus, une autre façon de parler, de marcher, de se vêtir, une manière plus spontanée et naturelle d'incarner l'air du temps.

L'apparition de nouveaux acteurs est un des phénomènes majeurs de la Nouvelle Vague, naissance d'une génération de comédiens dans laquelle le cinéma français va puiser, pour un temps, ses principales figures. La désinvolture romantique de Jean-Paul Belmondo, le brio virevoltant de Jean-Claude Brialy, la présence butée et physique de Gérard Blain, la moue boudeuse de Brigitte Bardot, la jeunesse inquiète de Jean-Pierre Léaud, la liberté souveraine de Jeanne Moreau, la grâce instinctive d'Anna Karina, le charme sophistiqué d'Alexandra Stewart, et les apparitions éphémères mais fulgurantes de Juliette Mayniel, Corinne Marchand ou Clothilde Joano font de la Nouvelle Vague, très vite, une galerie où les spectateurs peuvent voler et reprendre à leur compte attitudes, poses, gestes ou paroles.

Le plus remarquable sans doute est la continuité entre les écrits critiques des jeunes Turcs et leurs premiers films Nouvelle Vague concernant ce que doit être l'acteur de cinéma et son jeu. D'abord, le refus des acteurs connus, ce que Truffaut appelle dans certains textes polémiques, le « système de la vedette ». Ce refus s'accorde aux budgets modestes de la Nouvelle Vague, mais impose également de nouvelles têtes et d'autres expressions et manières de jouer, qui s'écrivent comme sur une page blanche : l'imaginaire du public, avec ces jeunes acteurs et actrices inconnus, n'est plus verrouillé par une attente particulière liée à telle ou telle vedette. Il y a là une forme de liberté reconquise grâce à ce renouvellement des cadres des comédiens Nouvelle Vague. Ces acteurs sont parfois de jeunes professionnels déjà bien formés, tels Belmondo, venant du Conservatoire, Brialy, Blain, ou Jeanne Moreau qui est passée par la Comédie-Française et le Théâtre national populaire de Vilar. Mais plus souvent encore ce sont des « innocents », presque des amateurs, comme Jean-Pierre Léaud, recruté par petites annonces à quatorze ans pour le rôle des *Quatre Cents Coups*, Bernadette Lafont, la jeune femme de Gérard Blain qui ne se destinait pas a priori à la carrière de comédienne, Stéphane Audran, Juliette Mayniel, Marie-France Pisier, presque totalement inexpérimentées quand elles ont été repérées par Chabrol ou Truffaut. Ce sont également des étrangers, donc en bonne partie méconnus du public français, Jean Seberg ou Jesse Hahn, les Américains, Alexandra Stewart, la Canadienne, Anna Karina, la Danoise. C'est ici la recherche du naturel et de l'authenticité qui prime, et ces jeunes gens correspondent au mieux à ce que réclamait François Truffaut des films et des personnages nouveaux dans un article de *Arts*, le 22 avril 1959 : « Les films doivent montrer des filles comme nous les aimons, des garçons comme nous les croisons tous les jours, bref, les choses telles qu'elles sont. »

D'une certaine manière, la pauvreté est la plus grande force du mouvement. Car elle contraint à l'invention, à la trouvaille, et met en valeur la seule et unique liberté du cinéaste. Un film de la Nouvelle Vague ne vaut finalement que par la personnalité du metteur en scène qui a porté, du scénario au montage, de la production au tournage, du choix des acteurs à la promotion du film, son projet de bout en bout. « C'est peut-être le seul point qui nous rassemble, avoue ainsi Truffaut : la liberté. Les metteurs en scène français avaient depuis longtemps perdu l'habitude de choisir leur sujet, je veux dire une idée de film qu'ils portaient en eux, qu'ils avaient dans la tête de façon obsessionnelle. La nouvelle génération se veut indépendante, souveraine, c'est la génération des auteurs. Cinq ans après la critique des *Cahiers du cinéma*, les producteurs pratiquent enfin la "Politique des auteurs" et prennent conscience de cette vérité : un film vaut ce que vaut celui qui le tourne. Enfin, on identifie un film à son auteur et l'on comprend que la réussite n'est pas la somme d'éléments divers, bonnes vedettes, bons sujets, beau temps, mais qu'elle est liée à la personnalité du seul maître à bord. Le talent est désormais

la valeur reconnue. » Choix du sujet, choix des acteurs, des décors ; le film Nouvelle Vague est un objet personnel et personnalisé, et seule cette présence du metteur en scène peut en assurer le succès en touchant les spectateurs par sa vérité. Cette logique, en effet, n'est pas sans rappeler la politique mise en place aux *Cahiers du cinéma* afin de soutenir les grands auteurs élus par la rédaction, Hitchcock, Hawks, Lang, Ray à Hollywood, Renoir, Rossellini, Becker, Ophuls, Bergman en Europe : à savoir qu'un film est d'abord le reflet intime de ces personnalités. Ce principe découle également très directement, avec tout de même un décalage d'une dizaine d'années, des partis pris d'Alexandre Astruc, notamment son fameux texte sur la « caméra-stylo ». À travers cette généalogie « auteuriste », plus encore que par ses films, Astruc est l'un des ancêtres de la Nouvelle Vague, au même titre que Melville. « Le cinéma est une forme dans laquelle et par laquelle un artiste peut exprimer sa pensée, aussi abstraite soit-elle, ou traduire ses obsessions exactement comme il en est aujourd'hui de l'essai ou du roman [...]. Ce qui implique, bien entendu, que le scénariste fasse lui-même ses films. Mieux, qu'il n'y ait plus de scénariste, car dans un tel cinéma cette distinction de l'auteur et du réalisateur n'a plus aucun sens. La mise en scène n'est plus un moyen d'illustrer ou de présenter une scène, mais une véritable écriture », écrivait-il dans *L'Écran français* le 30 mars 1948.

Éric Rohmer confirme cette filiation quand il confie que « la notion que nous avons introduite est celle d'un cinéma d'auteurs, sur le modèle de la littérature ». Et Truffaut renchérit en 1959 : « Le cinéma d'aujourd'hui est livré à des intellectuels, c'est-à-dire à des jeunes gens qui, en d'autres circonstances, auraient pu écrire des romans et qui, sans doute, il y a quelques années, auraient préféré écrire des romans par peur de la technique. Comme aujourd'hui la technique est très maîtrisable et passe au second plan, la voie s'est ouverte. Nous sommes entrés, d'un coup, dans l'âge du cinéma d'auteurs. Ce cinéma court certes le risque de devenir sec et abstrait, mais il a aussi plus de chance de devenir fort et sincère, intelligent et vrai, que dans les périodes précédentes. » En se plaçant ainsi au niveau des auteurs de films, le cinéma de la Nouvelle Vague ne pose plus ses problèmes en termes de technique, mais en termes de vérité. Chacun peut faire un film, à condition qu'il porte en lui une vérité, qu'il la rende visible à l'écran à travers sa personnalité et ses émotions.

DANS LA CHAMBRE DE PATRICIA, HÔTEL DE SUÈDE, DEUX JEUNES GENS S'AIMENT EN UN ÉTRANGE BALLET DE CORPS (*À BOUT DE SOUFFLE*).

Une mythologie de la jeunesse

C'est à cette « vérité » que la Nouvelle Vague donne un style. Et, ce faisant, elle tend à la jeunesse un miroir et offre à ses spectateurs un imaginaire où puiser des moments privilégiés dans lesquels ils se reconnaissent. Car la Nouvelle Vague forge presque instantanément un mythe. Elle est le premier mouvement cinématographique à avoir réussi à fixer avec une telle acuité la mythologie d'un moment d'histoire. Pour tenter de cerner cette stylisation, François Truffaut a proposé de distinguer trois modes complémentaires et différents au sein de la Nouvelle Vague. Une « tendance Sagan », tout d'abord, fondée sur la recherche d'une plus grande franchise dans les rapports amoureux et les questions sexuelles, sur des portraits d'intellectuels et d'artistes par eux-mêmes, personnages cultivés, aisés, brillants, cyniques, tendance illustrée par *Les Cousins, L'Eau à la bouche, La Récréation, Les Mauvais Coups, La Proie pour l'ombre, Les Grandes Personnes, La Morte-Saison des amours, La Fille aux yeux d'or, Ce soir ou jamais…* Ensuite une «tendance Queneau», s'ingéniant à retrouver une vérité du vocabulaire, des gestes, des attitudes, à mettre en scène des rapports inattendus et cocasses entre les personnages, à mélanger les genres, à changer de ton, à faire alterner comédie et tragédie, univers noir et rose. La tendance est féconde : *Zazie dans le métro, Un couple, Les Bonnes Femmes, Tirez sur le pianiste, Lola, Une femme est une femme, Adieu Philippine.* Enfin, une troisième tendance, le « cinéma des Éditions de Minuit », où voisinent les films inspirés du Nouveau Roman et les documents ou témoignages politiques, plus militants : *La Pointe courte, Hiroshima mon amour, Cléo de 5 à 7, Lettre de Sibérie, Moderato cantabile, Une si longue absence, L'Année dernière à Marienbad.* Truffaut se dépêche de préciser que cette taxinomie stylistique est « assez arbitraire » et qu'« il y a les bons films et les autres dans chaque tendance ». Il n'empêche que ces styles sont décisifs : la Nouvelle Vague ne s'est pas contentée d'enregistrer la vie qui passait devant ses caméras, elle l'a mise en forme, et ces formes, diverses, ont dessiné plusieurs approches possibles de la vérité du moment.

La première approche de cette vérité est quasi documentaire, au sens où Godard affirme dans un entretien accordé au *Monde* à la sortie d'*À bout de souffle* que son film est «un documentaire sur Jean Seberg et Jean-Paul Belmondo». Dans cette optique, Jean Rouch, cinéaste de la Nouvelle Vague un peu marginal, dont le projet de cinéma « ethnographique » est alors très admiré, notamment par Godard, a exercé une grande influence sur les autres. Dans *Moi, un Noir, La Pyramide humaine* ou *Chronique d'un été*, que le film se déroule en Afrique ou en France, Rouch traque au plus près la vérité des situations, des paroles, des déplacements, composant tous ses films en laissant des hommes et des femmes anonymes devenir les personnages d'une histoire qu'ils ont vécue et qu'ils revivent ou réinventent sans la moindre mise en scène mais en acceptant le regard de la caméra et sa complicité. Il refonde ainsi, sur le modèle de Flaherty, une forme de « cinéma-sincérité » où l'absence de scénario, d'artifice, d'acteurs, permet de tourner sans idée préconçue, « candidement », pour enregistrer la vie, les hésitations, les hasards, dans un grand élan de confiance. Rouch, dans *Chronique d'un été* par exemple, parvient à suivre les itinéraires croisés et les discussions courantes de jeunes gens en leur restituant une intense impression de vie, « saisie sur le vif », retrouvant la trame serrée et imbriquée, complexe, parfois déroutante, parfois naïve, de l'existence quotidienne de la jeunesse. C'est dans ce film qu'il faut voir le véritable document sur la nouvelle vague, au sens quasi sociologique du terme.

UN CHIGNON, UNE NUQUE, UN COL DE CHEMISIER, UNE LECTRICE, EST-CE UN PLAN, EST-CE UNE PHOTO DE REPORTAGE ? LA NOUVELLE VAGUE AIME CETTE CONFUSION DES REPRÉSENTATIONS.

CHARLES AZNAVOUR ET
MICHÈLE MERCIER
DANS *TIREZ SUR LE PIANISTE*.

Sur ce modèle, de nombreux films ont tenté de saisir des bribes de vie, les inscrivant dans la réalité des rues de Paris, des cafés, des bureaux, volant à l'actualité des mots, des expressions, des modes, des gestes, tout un fond sonore et visuel qui restitue immédiatement l'épaisseur et l'esprit d'une époque. En suivant ainsi Cléo dans ses déplacements à travers Paris *(Cléo de 5 à 7)*, de la rue de Rivoli au café du Dôme, des Gobelins au parc Montsouris, Agnès Varda n'explore pas seulement la psychologie d'une jeune chanteuse angoissée par la maladie (elle attend les résultats d'une analyse médicale à propos d'un cancer) et attirée par l'amour, mais parcourt pas à pas la ville, son espace, ses lieux de réunions, ses rues, et la mentalité d'un moment, ses interrogations, ses inquiétudes, ses refus, ses désirs. C'est ainsi que le concevait Varda elle-même, écrivant dans le texte de présentation du film : « Ce film se déroule au temps présent. La caméra ne quitte pas Cléo de cinq heures à six heures et demie. Si le temps et la durée sont réels, les trajets le sont aussi. À l'intérieur de ce temps mécanique et de cet espace objectif, Cléo éprouve la durée et les distances subjectivement. Il m'a paru intéressant de faire sentir ces mouvements vivants et inégaux, comme une respiration altérée, à l'intérieur d'un temps et d'un espace dont les secondes et les mètres se mesurent sans fantaisie. » C'est également ce que percevaient les spectateurs, comme l'écrivait Georges Sadoul dans *Les Lettres françaises*, en avril 1962, sous le titre « La réalité de

notre temps » : « La réalité de Cléo c'est d'abord la réalité profonde de notre temps, de l'année 1961 où s'éternisait cette "pas drôle de guerre". Il importe que le film, comme la *Jeanne d'Arc* de Dreyer, ait été "tourné dans l'ordre" dans l'ordre du temps et dans l'ordre des lieux. Tout est dans tout. Une goutte de rosée peut refléter tout l'univers comme aimait à le répéter Eisenstein. Quatre-vingt-dix minutes de la vie d'une Parisienne peuvent contenir l'angoisse et les préoccupations d'une nation, la France, quand bien même son univers ne serait pour les esprits superficiels qu'un petit monde de fleuristes et de couturières, de paroliers et d'entreteneurs. »

De façon très concrète, la Nouvelle Vague élabore ainsi une topographie, généralement parisienne (le Quartier latin dans *Les Cousins* et *Tous les garçons s'appellent Patrick*, les Champs-Élysées dans *Ascenseur pour l'échafaud*, *À bout de souffle* et *Tirez sur le pianiste*, le XVIe arrondissement dans *Les Amants* et *Le Bel Âge*, Saint-Germain-des-Prés dans *Le Bel Âge*, *Le Signe du Lion*, *Le Feu follet*, et *Paris nous appartient*, la Bastille dans *Les Bonnes Femmes*, Pigalle et la rue des Martyrs dans *Les Quatre Cents Coups*, la porte Saint-Denis dans *Une femme est une femme*, l'Opéra dans *Adieu Philippine*, Montparnasse dans *Les Godelureaux*, Levallois dans *Tirez sur le pianiste*), qui acquiert pour les spectateurs une force d'autant plus inédite et impressionnante que cette sortie dans le Paris réel est brutale, provocante aux yeux du cinéma traditionnel. En enregistrant ce qui traverse les rues, en prenant leurs acteurs parmi la jeunesse, même d'élite, en profitant de tous les hasards et de toutes les rencontres, les films de la Nouvelle Vague ont réussi, tant bien que mal, à saisir des habitudes et des mœurs. Trench-coats et chandails, manteaux de cuir, cirés, colliers portés sur de légers cols roulés, formes particulières de cravate, vestons, chapeaux, jupes plissées et chaussures plates, robes au ras du genou et bas noirs, chignons, coupes au carré, manteaux de laine, cette énumération à la Prévert suffit à démontrer qu'en regardant un film de la Nouvelle Vague, le spectateur voit une société qui vit et bouge dans sa diversité et ses modes. De même, lorsque Pierre Kast lance comme mot d'ordre d'« utiliser à tout prix le vocabulaire de notre temps », il cherche à saisir la justesse d'une langue dont les expressions changent, une langue que Truffaut parle de « déthéâtraliser ». Il ne s'agit plus de reconstituer un parler gouailleur et populaire par la maîtrise de l'argot et des bons mots, mais de parler en 1959 avec une langue de 1959, qu'elle soit jeune ou littéraire, maladroite ou brillante.

Être de son temps, c'est aussi comprendre comment les jeunes gens peuvent se trouver déroutés par l'éclatement des liens traditionnels, comment ils ont du mal à donner sens à un monde qui évolue, qui se fragmente, comment ils sont isolés face à la difficulté de communiquer avec leurs semblables. De cela, le spectateur peut faire l'expérience devant certains films de la Nouvelle Vague dont le style rend compte d'une forme de perte, de déroute, de fragmentation. Pensons à l'utilisation du montage chez Godard ou à l'épreuve de la remémoration chez Resnais, qui apparaissent comme deux des voies privilégiées de la modernité au cinéma. La Nouvelle Vague a fait cette expérience sur le spectateur de la fin des années cinquante, parfois à ses dépens : elle l'a libéré de la manière classique de raconter des histoires, elle l'a déniaisé face à la fiction. Le film moderne s'ouvre ainsi à l'activité interprétative d'un spectateur devenu adulte (même s'il reste jeune). « Cette révolution du récit, écrit par exemple André Labarthe avec une grande acuité à propos de *L'Année dernière à Marienbad*, tourne le dos à une conception finaliste du scénario et de la mise en scène. Au spectateur, le film ne propose plus une matière pré-digérée, prête à être absorbée, mais au contraire une matière brute d'où il peut extraire son film. En un mot, le sens du film n'est plus imposé au spectateur, mais doit être construit par lui à partir des

éléments du film. Le cinéma traditionnel avait réussi à dissiper toute possibilité d'équivoque en accompagnant chaque scène, chaque plan, en imposant au spectateur leur signification. À la limite, ce cinéma-là n'avait pas besoin de spectateur puisque celui-ci était déjà inclus dans le film. L'originalité du film de Resnais et Robbe-Grillet est d'avoir systématisé la perte du spectateur. Dans *Kane* de Welles ou dans *Païsa* de Rossellini, les lacunes du récit étaient, en quelque sorte, tolérées. De ces lacunes, *Marienbad* en a fait son objet même. Le travail du réalisateur n'est plus de raconter une histoire, mais de faire un film où le spectateur découvrira une histoire. Le véritable successeur du metteur en scène traditionnel n'est pas Resnais, ni Robbe-Grillet, mais le spectateur de *Marienbad*. »

La Nouvelle Vague multiplie donc les « dispositifs d'incertitude », ces manières d'introduire, à certains moments, une « déroute » qui piège les sens et la compréhension. Godard, lorsqu'il monte *À bout de souffle*, adopte ces signes d'imperfection, faux raccords systématiques, accélération brusque des séquences par un cut omniprésent, suppression des scènes de transition traditionnelles. Le film va vite, comme son titre l'indique, mais pour mieux s'arrêter parfois sur les mots et les gestes qui construisent l'amour de Michel Poiccard et de Patricia, pour y revenir sans cesse – ainsi la longue séquence dans la chambre de Patricia qui occupe près du tiers de la durée du film. Ce que Godard cherche, comme l'avait vu Georges Sadoul, c'est « quelque chose qui ressemble à l'emploi du langage parlé en littérature ». En revanche, hors de cet espace clos de la chambre, Poiccard se heurte sans cesse au monde, comme un papillon de nuit à la lampe trop vive, un monde surexposé dans sa lumière blanche, qui ne lui répond pas, plein d'accidents, de traîtres, de gestes absurdes, de questions obsolètes, un monde « dégueulasse ». Le romantisme de Poiccard s'y cogne, s'y perd, et il finit par mourir, une balle dans le dos, au bout de la rue Campagne-Première. Godard a piégé dans son film les multiples sensations de malaise, d'impossibilité de communiquer, d'hostilité d'un univers ancien, fermé, inhumain, que les jeunes gens, dans les enquêtes de société, disent ressentir en 1960. Par là même, les mots et la tendresse qui se cachent sous les draps immaculés de la chambre de Patricia composent le plus émouvant des ballets, séquences échappées d'un monde préservé qui se sont imprimées dans l'esprit des spectateurs avec une force absolument inédite.

Autre reflet, autre monde que reconnaît le spectateur de 1960 : les jeux amoureux d'une jeunesse libertine – *Les Liaisons dangereuses 1960*, ainsi Vadim intitule l'un de ses films d'esprit Nouvelle Vague. Les œuvres de Pierre Kast, Jacques Doniol-Valcroze, Roger Vadim ont cette insouciance et cette gravité, ce raffinement et cette frivolité qui les rapprochent de la « tendance Sagan » évoquée par François Truffaut. La géographie de ces films est précise et connue, le Paris chic, plus quelques évasions vers Saint-Tropez ; leurs emblèmes répertoriés, belles voitures de sport, jeunes hommes bien mis, jolies filles très élégantes, polo décontracté, sourire en coin ou bouderie composée. Dans *France Observateur*, en avril 1961, la sociologue Evelyne Sullerot a tenté l'analyse à chaud de cette « mademoiselle Nouvelle Vague » dont ces films offrent le portrait sensuel et un peu artificiel : « Mademoiselle Nouvelle Vague a ses tabous. Ce ne sont plus des tabous sexuels, ce sont des tabous sociaux. L'amour, au contraire, est son domaine, et elle s'y promène enfin sans barrière, et ses évolutions jettent bas l'une après l'autre, comme vulgaires statues de plâtre, le mythe de la virginité, de la monogamie, de la toute-bienfaisante-maternité, du mariage-unique-solution. Du coup, on s'aperçoit de la disparition – vieux accessoires devenus inutiles – de deux figures complémentaires : l'ingénue et la prostituée. Il ne reste plus qu'une femme qui se cherche dans toutes les formes de l'amour, presque comme un homme, avec un mélange d'ennui et d'application angoissée. Elle est souvent en visite, en voyage, étrangère, c'est-à-dire sans famille, sans passé, curieuse, avide, disponible et toujours un peu en partance aussi. Étrangère, elle conserve son accent et son vocabulaire. Toute une sémantique nouvelle de l'amour est alors suggérée. L'aisance des corps est au diapason des inventions de la langue. » On parle en effet beaucoup d'amour dans les films de la Nouvelle Vague, avec les mots du temps – « Ça a gazé ? », « C'était du tonnerre » – fondus dans une langue où alternent cynisme, séduction et romantisme. Mais ces mots sont plus lourds de sens que les lieux visités, évoqués – les discothèques à la mode, Le club de l'Étoile, Chez Castel, L'Épi-club – ne le donnent à penser : une morale désenchantée et une détresse silencieuse baignent ces films où la mort est souvent présente, brutale, comme un brusque retour au réel, comme l'état d'âme mélancolique de ses héros et de son public. « On nous montre à l'écran un milieu très particulier qui a son propre langage, ses rites, sa façon de penser et ses manières d'être, note ainsi *Libération* à propos de *L'Eau à la bouche*. Un monde où l'on admet n'importe qui à condition d'avoir des lettres de créances, c'est-à-dire de l'argent liquide, une voiture grand sport, deux ou trois filles, quelques 45 tours judicieusement choisis et un métier décent : photographe, scénariste, journaliste, cinéaste... Un monde parfaitement décadent où il y a de l'Incroyable, du Des Esseintes et du Mylord l'Arsouille corrigé par une attitude politique qui se situe très à gauche, mais toujours avec un certain sourire. Un monde qui a été produit et engendré par la bourgeoisie d'argent d'hier et l'aristocratie décavée d'avant-hier. » La Nouvelle Vague n'est plus ici l'illustration d'un monde nouveau, mais l'aboutissement, le dernier maillon, d'une dégénérescence : elle enregistre, à l'aide de leurs enfants, comment la société des pères s'est perdue.

Car, même s'ils n'ont pas encore la trentaine ou s'ils la dépassent à peine, les jeunes cinéastes ont vécu. Sans doute pas les épreuves de la guerre mondiale, mais sûrement celles des « petites » et des « sales » guerres coloniales. Sans doute pas les espoirs et les enthousiasmes de la Libération, mais sûrement les trahisons et les mesquineries des adultes. Il existe souvent une certaine gravité, un désespoir, dans leurs films « noirs » éclairés à la lumière blanche de la vie. Et cela se mêle à l'autre « vie » de ces cinéphiles, celle des films vus par dizaines, par centaines ou parfois par milliers. Il existe là une autre « vérité » des films Nouvelle Vague aux yeux de leurs spectateurs : être parvenu à mêler les références, les genres, la fiction et la mythologie du cinéma américain par exemple, au monde contemporain tel que la caméra l'enregistre au présent, avec ses saillies, les pièges de l'âge adulte et les rituels de la jeunesse. Le cinéma de la Nouvelle Vague s'est constitué par intégration et désintégration des genres, le film noir, la comédie musicale, le thriller, la comédie mondaine à la française, le mélodrame à l'italienne, et les nouveaux films en sont arrivés à détruire de l'intérieur le genre auquel ils semblaient d'emblée appartenir. Les références, les citations, les jeux de mots, les reprises, les clins d'œil, les personnages ou les figures réutilisés sont extrêmement nombreux dans les films de la Nouvelle Vague, donnant une existence concrète, parfois labyrinthique, au cinéma autrefois aimé. Ainsi le cinéma moderne n'est-il qu'une incessante démystification du cinéma des cinéphiles : il se situe, après les avoir en quelque sorte dévorés, au-delà de ces derniers bastions du cinéma populaire que sont les genres.

Godard emploie une comparaison éclairante à cet égard : « En peinture, autrefois, il y avait une tradition de la copie. Un peintre partait en Italie et faisait ses tableaux à lui en recopiant ceux des maîtres. Nous, on a remis le cinéma à sa place dans l'histoire de l'art. » En retrouvant la tradition de la peinture classique, les jeunes cinéastes, surtout le noyau issu de la critique, n'ont pourtant pas seulement copié. Ils ont, comme le suggère Godard, *créé à partir de la copie*, considérant la critique comme un des versants, indispensable, de la *création artistique*, ils ont réinventé la création critique. Godard rendant hommage aux séries B, à la « Monogram Pictures » dans *À bout de souffle*, ou à la comédie musicale dans *Une femme est une femme*, Truffaut fondant *Tirez sur le pianiste* sur un incessant mélange des genres, Chabrol visitant Hitchcock, Demy retrouvant le « film en chanté », chacun est parvenu à reprendre en main un moment du cinéma en le tirant vers les références des spectateurs. Il faut donc remettre la Nouvelle Vague dans le sens de son histoire : elle est autant l'aboutissement d'un cinéma qui a été pleinement partagé par une génération de spectateurs qu'une fracture moderne qui égarerait le public. Elle tente d'être les deux en créant à partir de l'ancien et en jouant avec les centaines de visions que tout spectateur de l'époque a accumulées depuis l'enfance. Si la Nouvelle Vague possède ainsi une histoire, c'est surtout celle du cinéma. Comme un retour aux origines. « Comment s'étonner, écrit Labarthe à propos d'*Une femme est une femme*, si les jeunes cinéastes semblent n'avoir d'autre but que de reconduire un art trop adulte vers la fraîcheur de ses origines ? C'est une intuition de ce genre qui a permis de voir la caractéristique commune de la Nouvelle Vague dans le souci de souder la fiction au documentaire, aussi bien au niveau de l'élaboration du scénario qu'à celui des techniques de mise en scène. *Une femme est une femme* est l'un des plus beaux documentaires que je connaisse consacrés à une femme (et accessoirement à la porte Saint-Denis). C'est ce que j'entendais dire en affirmant qu'*Une femme est une femme* c'est Lumière en 1961. »

Sensualité et confusion :
ci-dessous et pp. 94-95,
L'EAU À LA BOUCHE ;
pp. 92-93, *LE PETIT SOLDAT*.

Une femme est une femme, en 1961, est l'un des plus graves échecs publics de Jean-Luc Godard, de même que, quelques mois plus tard, *Les Carabiniers*. Mais aussi, quelques mois plus tôt, *Tirez sur le pianiste* de Truffaut. Quant à Chabrol, après les déboires successifs des *Godelureaux* en 1960, de *L'Œil du malin* en 1961 et d'*Ophélia* en 1962, il amorce une longue traversée du désert. Rohmer avec *Le Signe du lion*, Rivette et *Paris nous appartient*, Kast avec *La Morte Saison des amours* puis *Vacances portugaises*, Astruc avec *La Proie pour l'ombre* et *L'Éducation sentimentale*, Rouch avec *Chronique d'un été*, voilà encore autant d'insuccès. Dès l'automne 1960, la Nouvelle Vague connaît donc l'échec auprès du public et les producteurs commencent à paniquer. Certes, quelques films de la Nouvelle Vague trouvent encore leur public, et leurs coûts modestes relativisent toujours les échecs, mais, mois après mois, ce phénomène fait boule de neige. Quatre films, pourtant réussis, ont symbolisé ce retournement de conjoncture, par les critiques haineuses et injustifiées qu'ils ont rencontrées et les salles quasi désertes qui les ont accueillis : *Les Bonnes Femmes* de Chabrol, *Tirez sur le pianiste* de Truffaut, *Les Carabiniers* de Godard et *Adieu Philippine* de Rozier. Rétrospectivement, à en juger à tête reposée, il s'agit de quatre des plus beaux films français du début des années soixante, mais ils ont, l'un après l'autre, servi de boucs émissaires dans la presse et ont alimenté la légende d'un cinéma d'auteurs tombé aux mains d'incompétents irresponsables ruinant producteurs et distributeurs, précipitant acteurs et techniciens vers le chômage. « Les films restent dans leur boîte, écrit par exemple sans nuance Jean Curtelin dans *Présence du cinéma*, parfaitement inexploitables, ou au mieux végètent dans de pauvres exclusivités parisiennes, ruineuses pour les directeurs de salles. La Nouvelle Vague s'est spécialisée dans les faillites et les opérations déficitaires. Ce fut là son apport principal… » Comme si la Nouvelle Vague pouvait être rendue responsable d'une évolution culturelle à plus long terme : la désaffection du public pour le cinéma débute dès le milieu des années cinquante, s'accélère au début de la décennie suivante puis devient un fait de société lorsque la télévision s'impose peu à peu dans les foyers. La Nouvelle Vague a, au contraire, sans doute masqué et retardé le phénomène de quelques mois en France, en 1959 et 1960, puisqu'il est général, plus précoce et plus sévère encore dans la plupart des pays occidentaux. L'Angleterre, entre 1957 et 1959, a perdu brutalement plus de trois cents millions d'entrées par an, soit le tiers de ses recettes.

La France, dans le même temps, n'en a égaré « que » cinquante millions, un huitième de son chiffre d'affaires. En 1960, année du véritable triomphe public de nombreux petits films de la Nouvelle Vague, la déperdition est jugulée, le nombre d'entrées pour l'année se stabilisant à trois cent cinquante millions. Puis le reflux se poursuit dès 1961, avec une perte de dix-sept millions d'entrées en un an, lorsque la Nouvelle Vague cesse d'être attractive et, par là même, une bonne affaire.

Kast l'écrit avec humour en janvier 1962, la Nouvelle Vague est mal en point : « Il n'est pas douteux qu'il y a un malade. Sur la nature de la maladie, on peut discuter. La clientèle s'amenuise dit-on. Et on commence la chasse au microbe. Dans le microscope, surgit un monstre biscornu : la Nouvelle Vague. Il s'agite, il pousse des pseudopodes dans tous les sens. Il mobilise le snobisme. Il contamine le critique. Bref, une bonne injection d'élixir du docteur Audiard, et le malade guérira. Bizarre médecine. » André Labarthe, quant à lui, dresse un bilan assez désastreux des rapports de la critique et de la Nouvelle Vague : « Automne 1961 ; en deux temps trois mouvements, c'est la rupture. Le point culminant de ce divorce fut sans doute atteint lors de l'exclusivité parisienne d'*Une femme est une femme*, où l'on vit des directeurs de journaux sermonner leurs critiques, voire les toucher dans leur conscience, en substituant à un texte trop élogieux un papier de commande plus en accord avec ce qu'attendait le public… *Arts*, pour rester dans le vent, mit à déboulonner les supporters de la Nouvelle Vague le même empressement démagogique qu'il avait mis, en d'autres temps, à se les attacher [tous les critiques issus des *Cahiers* sont alors congédiés, particulièrement Jean Douchet, remplacés par Jean-Louis Bory et Roger Boussinot]. À la poursuite de leur public, *L'Express* et *Candide* tentent la même opération. Allons ! le cinéma et son public sont désormais entre de bonnes mains. La littérature de qualité contrôle aujourd'hui les terres qu'elle eut toujours quelque dépit de voir lui échapper. En quelques mois et quelques broutilles, nous voici revenus au point de départ. »

La Nouvelle Vague est ainsi très sévèrement attaquée, souvent par les « pères » (journalistes, cinéastes, acteurs, scénaristes) qui, quelques mois auparavant, semblaient accepter le mouvement, l'avaient parfois soutenu, l'avaient en tous les cas toléré. Comme un brusque retour à la correction paternelle d'autrefois. Ces paires de claques sont violentes, hautaines, généralement condescendantes. Elles font mal aux jeunes cinéastes, parfois très mal. Dans une lettre datée du 26 septembre 1960, Truffaut parle d'un mouvement « insulté chaque semaine à la radio, à la TV et dans les journaux. Je ne suis pas un persécuté, ajoute-t-il, et je ne veux pas parler d'un complot, mais il devient évident que les films de jeunes, dès qu'ils s'éloignent un peu de la norme, se heurtent, en ce moment, à un barrage de la part des exploitants et de la presse. Il faut dire qu'il y a cette année un très grand nombre de gros films français à l'ancienne qui resteront longtemps en salle. Cela sent la revanche de la Vieille Vague. » Truffaut date précisément de l'automne 1960 le début de ces attaques massives : « Le tournant, le passage de l'éloge au dénigrement systématique a été marqué par le film de La Patellière et Michel Audiard, *Rue des prairies*, que la publicité a présenté comme un film Anti-Nouvelle Vague : "Jean Gabin règle son compte à la Nouvelle Vague." » Ainsi que le disait déjà Gabin dans *Les Grandes familles* du même Denys de La Patellière en 1958, « tout ce petit monde avait besoin qu'on lui rappelle ce qu'est un chef de famille »… Les films de la « Vieille Vague » prennent rapidement pour thème, transparent et obsessionnel, la restauration de l'autorité des anciens, des pères, de *Rue des prairies* à *La Horse* en 1969, en passant par *L'Âge ingrat* ou *Des gens sans importance*. Comme l'écrit Sébastien Le Pajolec dans sa thèse, *Tous les garçons et les filles de leur âge* : « Être jeune dans le cinéma était un avantage, en quelques mois cela devient un handicap. »

En quelques mois, en effet, sur le modèle d'un Gabin père sévère, quelques-unes des principales signatures de la grande presse se tournent contre le nouveau cinéma français. Dans un article paru dans *Arts*, le scénariste Michel Audiard accuse les nouveaux cinéastes de dégoûter le grand public du cinéma, donc de faire le jeu de la télévision : « Ah ! la révolte, voilà du neuf ! Truffaut est passé par là. Charmant garçon. Un œil sur le manuel du petit "anar" et l'autre accroché sur la Centrale catholique, une main crispée vers l'avenir et l'autre masquant son nœud papillon. M. Truffaut voudrait persuader les clients du Fouquet's qu'il est un terrible, un individu dangereux. Ça fait rigoler les connaisseurs, mais ça impressionne le pauvre Éric Rohmer. Car, si autrefois les gens qui n'avaient rien à dire se réunissaient autour d'une théière, ils se réunissent aujourd'hui devant un écran. Truffaut applaudit Rohmer, qui, la semaine précédente, applaudissait Pollet, lequel

PAGE PRÉCÉDENTE :
ANNA KARINA SUR
LE TOURNAGE D'*UNE FEMME
EST UNE FEMME* ;
DANS LE MIROIR SE REFLÈTE
JEAN-LUC GODARD.

la semaine prochaine applaudira Godard ou Chabrol. Ces messieurs font ça en famille. Voilà à quoi joue, depuis plus d'un an, le cinéma français. Résultat pratique : l'année 60 s'achève sur des succès de Delannoy, Grangier, Patellière, Verneuil, ces pelés, ces affreux, ces professionnels. Pouah ! Voilà où ils en sont arrivés, ou plutôt où ils en étaient. Car il serait incohérent de continuer à parler d'eux au présent. La Nouvelle Vague est morte. Et l'on s'aperçoit qu'elle était, au fond, beaucoup plus vague que nouvelle. » Henri Jeanson, scénariste en vogue lui aussi auprès des cinéastes de la qualité française, attaque dans *Cinémonde*, *La Croix* et *Le Journal du dimanche* les « jeunes tricheurs-en-scène », tandis que Jacques Lanzmann, dans *Arts*, s'interroge gravement : « Le jeune cinéma français a-t-il son avenir derrière lui ? » Jean Nocher sur *France Inter* dénonce le « cinéma-cafard ». Un numéro entier de *Positif*, en 1962, s'en prend à la Nouvelle Vague et *Télérama*, dans une « Enquête sur les goûts cinématographiques des Français », est également sceptique. Jean Aurenche, le principal des « anciens » scénaristes, cibles privilégiées de la Nouvelle Vague, dans un entretien très caustique paru dans *Cinéma 60*, dénonce de façon virulente les « pseudo-talents à la mode ». François Nourissier, quant à lui, fort de ses précédents pamphlets antijeunes, tente de déjouer « cette espèce de guet-apens organisé par une petite bande de jeunes afin de fusiller proprement les aînés » en transformant ironiquement les jeunes cinéastes en champions de l'académisme : « La révolution annoncée ressemble plutôt à une raisonnable arrivée au pouvoir de la génération suivante. Et, ô surprise, tout le monde n'a pas le couteau entre les dents. Vadim n'a pas encore imité parfaitement les beaux films glacés et cyniques de René Clément. Truffaut a réussi un film qui aurait pu tenter Delannoy, Kast et Doniol-Valcroze ont fait la part vraiment trop belle à un érotisme mondain devenu, en moins de deux années, une recette de tout repos. Tout cela, comment dire, s'amollit un peu. En un mot, la génération apparue dans les allées des Champs-Élysées vers 1959 possédera, possède déjà, ses Bresson, ses Renoir, ses Clément, et aussi de nouveau Charles Spaak, Marc-Guilbert Sauvageon, Delannoy, Autant-Lara. » L'ancien directeur de *La Parisienne* avance là une thèse qui ne cessera d'être reprise à propos des auteurs de la Nouvelle Vague : leur ralliement prochain au cinéma de qualité qu'ils dénonçaient dans leur jeunesse. Ce syndrome de trahison, de reniement, plane dès lors au-dessus de metteurs en scène qui n'ont, il est vrai,

jamais refusé le système du cinéma français et s'en sont souvent servi pour préserver leur indépendance.

Plus véhément, parce que plus sincère, plus déchiré et plus proche de la jeunesse artistique et littéraire, l'écrivain Jean-René Huguenin y va également de son pamphlet, écœuré par la frivolité et la légèreté badine de certains films. Dans *Arts*, le 22 mars 1961, sous le titre « Dénonçons le mythe de la Nouvelle Vague », il éreinte le jeune cinéma : « Une fille rencontre un garçon. Il lui plaît ; il a tout pour plaire. Un pli amer au coin d'une bouche maussade, des épaules un peu voûtées, alourdies par l'expérience précoce de la vanité du monde – et ses yeux désœuvrés paraissent ne s'entrouvrir qu'avec effort : il est beau. C'est le portrait robot de Maurice Ronet, d'Alain Delon, de Jean-Paul Belmondo et de Mastroianni, la réplique masculine de Brigitte Bardot, l'homme-enfant. Elle soupire et dit : "Qu'est-ce qu'on fait ?" Il soupire et répond : "L'amour ?..." Ils se déshabillent un peu et s'étreignent. Ils fument une cigarette. Au bout d'un moment ils soupirent et disent : "Qu'est-ce qu'on fait ?" Cette image d'Épinal de l'amour moderne est inlassablement exploitée, depuis cinq ans, par les commerçants habiles du cinéma, de la presse et de la littérature, qui se moquent bien que le scandale arrive par eux, pour peu qu'ils arrivent par le scandale. Il y a quelques années, *L'Express* nous annonça que la jeunesse était sur le point de changer. C'était une bonne nouvelle, mais qui demeurait incertaine, et qu'on appela d'ailleurs nouvelle vague. Franchement, je ne vois pas en quoi les films de Vadim ou de Chabrol, les romans de Françoise Sagan ou de Christiane Rochefort ont transformé les conventions à la mode. La nouvelle vague est un mythe. Elle ne représente pas la jeunesse d'aujourd'hui. Elle date ; elle n'a que trop duré. » De son côté, dans un registre de dénonciation plus paternaliste, Jean Cau, ancien secrétaire de Sartre aux *Temps modernes*, bientôt champion de la morale traditionnelle, a été voir pour *L'Express* « quelques films français nouveaux ». Étonné, inquiet, découragé, il s'en explique dans les colonnes de l'hebdomadaire, énonçant au passage quelques opinions sévères : « Je dis que pendant dix ans ces "jeunes" nous ont claironné à peu près : "Ah ! si on nous confiait une caméra !" […] On finit par les prendre au mot. On la leur donna. Que disent-ils ? Ô stupeur, rien ! Qu'ont-ils dans la tête et le cœur ? Ô surprise, un grelot ! Et dans le cœur ? Ô misère, de l'eau ! Je vous avoue que les bras m'en tombent d'étonnement et de tristesse. Ils nous disent Saint-Tropez, les voitures de sport, le whisky, les stations de sport d'hiver, les jeux vieillots de l'amour et du hasard, les marivaudages balourds de garçons et de filles qui couchent au claquement de doigts comme salive le chien de Pavlov. Voir, au cinéma, une France réduite aux dimensions de Saint-Tropez ou d'un lit sur lequel un couple s'emmêle bras et jambes, quel repos, quel bonheur, quelle mort ! Nous nous apercevons que les jeunes cinéastes n'ont à peu près rien à dire. »

Un cinéma « qui n'a rien à dire », voilà le vrai cœur des attaques lancées contre la Nouvelle Vague. Prenant pour cible une sorte de caricature du jeune cinéma – Saint-Tropez, les amours faciles, le whisky et l'ennui –, comme s'il se résumait à cela, la droite et la gauche s'y retrouvent. À droite, c'est une morale et un univers libertins que l'on fustige ; à gauche, la gratuité, l'inutilité et le désengagement de ce même monde. L'esprit de liberté de la Nouvelle Vague, déjà contrecarré par l'échec commercial du mouvement, ne résiste pas à ces feux croisés et nourris. Depuis la gauche de la critique, en effet, même si Sadoul, emblème de la critique communiste, fait patte de velours et accompagne sans état d'âme le mouvement, la virulence, parfois la violence, sont de mise dans la dénonciation. *Cinéma 60*, par exemple, dans un numéro spécial consacré à la Nouvelle Vague, lui reproche, sous la plume de Marcel Martin, son manque de « message » et d'« engagement clair » : « Les jeunes cinéastes s'abstiennent de toute mise en question d'ordre social ou politique. Leur "engagement" ne va guère au-delà d'une réflexion plus ou moins anarchiste et désordonnée contre la guerre d'Algérie. » Michel Mardore est plus sévère encore, voyant ressurgir dans la Nouvelle Vague l'esprit hussard, « désengagé », de droite, « Action française », qui animait les rédacteurs *d'Arts* ou de *La Parisienne* au cours des années cinquante : « Ce mal qui répand la terreur, dont la jeune génération avait fait à la fois son Spoutnik et son arme bactériologique, et qui frappe en retour aujourd'hui les apprentis sorciers, c'est, sous couvert de la Nouvelle Vague, une certaine tendance du cinéma français que par commodité nous nommerons "l'anarchisme de droite". Chez l'anarchiste de droite, le héros est revenu de tout, la société est corrompue, l'amour, ce mensonge de l'égoïsme, et la mort, cette imposture de la création, font bon ménage. Tout le monde est ignoble, parfois avec innocence, univers aimablement désespéré, fruit aigre de la haine qui exige une apocalypse de dédain. Ces critères sélectifs étaient plus proches de la littérature "jeune droite" que du cinéma "nouvelle vague". Pourtant, on les voit paraître chez Astruc, Louis Malle et Roger Vadim, préparant un climat que Chabrol, assisté de son scénariste Paul Gégauff, sut porter à un haut point de perfection… et de sécheresse. Il nous suffira de rappeler qu'en 1960 cette mentalité, ce style, furent illustrés par *À bout de souffle*, qui passe à juste titre pour la quintessence de la Nouvelle Vague. La liste n'est pas close, mais il est temps de la conclure. » Quelques mois plus tard, c'est au tour de *Positif*, revue qui se classe elle-même à l'extrême gauche anarchisante de la critique, de rappeler à la Nouvelle Vague ses attaches « fascistes », parfois en usant de l'insulte surréaliste comme lorsque Robert Benayoun évoque le dernier

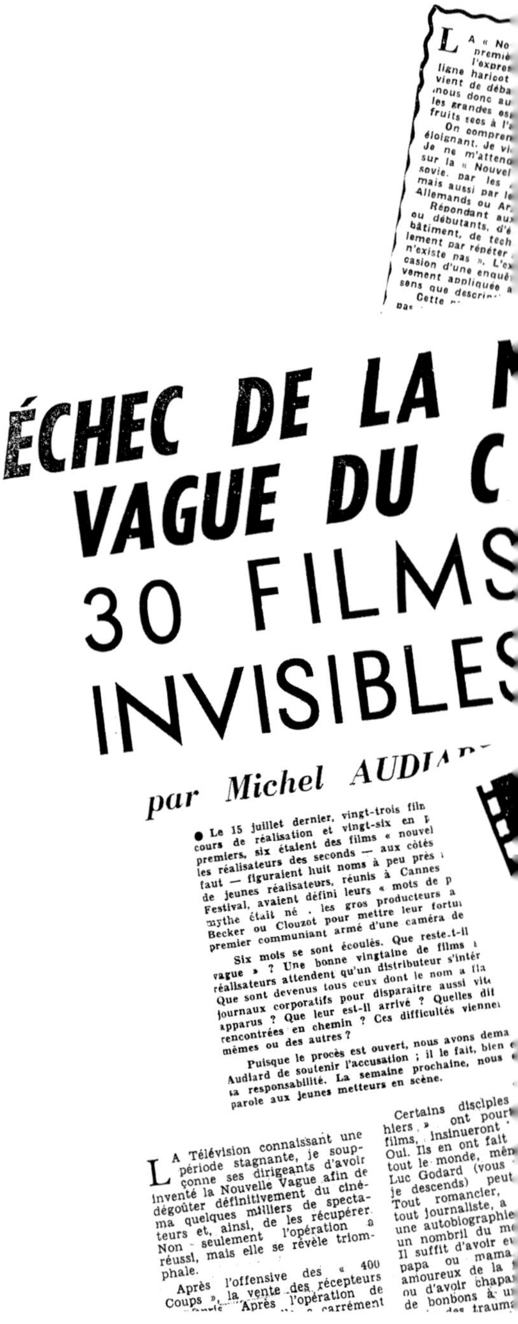

ÉCHEC DE LA N
VAGUE DU C
30 FILMS
INVISIBLES

par Michel AUDIA

● Le 15 juillet dernier, vingt-trois film
cours de réalisation et vingt-six en p
premiers, six étaient des films « nouvel
les réalisateurs des seconds — aux côtés
faut — figuraient huit noms à peu près
de jeunes réalisateurs, réunis à Cannes
Festival, avaient défini leurs « mots de p
mythe était né . les gros producteurs a
Becker ou Clouzot pour mettre leur fortu
premier communiant armé d'une caméra de

Six mois se sont écoulés. Que reste-t-il
vague » ? Une bonne vingtaine de films
réalisateurs attendent qu'un distributeur s'intér
Que sont devenus tous ceux dont le nom a fla
journaux corporatifs pour disparaitre aussi vit
apparus ? Que leur est-il arrivé ? Quelles dif
rencontrées en chemin ? Ces difficultés vienne
mêmes ou des autres ?

Puisque le procès est ouvert, nous avons dema
Audiard de soutenir l'accusation ; il le fait, bien e
sa responsabilité. La semaine prochaine, nous
parole aux jeunes metteurs en scène.

LA Télévision connaissant une période stagnante, je soupçonne ses dirigeants d'avoir inventé la Nouvelle Vague afin de dégoûter définitivement du cinéma quelques milliers de spectateurs et, ainsi, de les récupérer. Non seulement l'opération a réussi, mais elle se révèle triomphale.

Après l'offensive des « 400 Coups », la vente des récepteurs
Après l'opération de
carrément

Certains disciples
hiers » ont pour
films, insinueront
Oui. Ils en ont fait
tout le monde, mêm
Luc Godard (vous
je descends) peut
Tout romancier,
tout journaliste, a
une autobiographie
un nombril du m
Il suffit d'avoir e
papa ou mama
amoureux de la
ou d'avoir chapa
de bonbons à u
des trauma

LE CREUX DE LA VAGUE ?

A PROPOS DES NOUVEAUX REALISATEURS ET DE LA « NOUVELLE VAGUE »

L'agonie de la nouvelle vague n'est pas pour demain

Godard : « La programmation de cette quincaillerie branlante a été, on le sait, établie par le Zombie Jean-Luc Godard, lequel trouve enfin le moyen de me surprendre. En effet, je croyais impossible d'évaluer divers degrés de la nullité et de statuer lequel parmi ses films était le plus mauvais. La chose est pourtant possible, car il vient de se surpasser. Le niveau le plus bas de son petit bazar est défoncé : Jean-Luc creuse à présent au-dessous du sol, dans un Pellucidar de connerie narcissique et déshydratée. » Conclusion : « La Nouvelle Vague n'a rien à dire, mais elle le dit bien. Rien d'étonnant à ce compte si l'on croit retrouver dans les films de Godard l'état de certains maniaques dépressifs qui s'écoutent longuement parler sans savoir ce qu'ils se racontent. »

Ultimes soubresauts…

Ces accusations interviennent en un temps où Godard et Truffaut, les chefs de file du nouveau cinéma, sont particulièrement fragiles et démoralisés. « Moi aussi, *caro* Francesco, je suis complètement perdu, écrit Godard à son ami. Je tourne dans une étrange zone. Je sens qu'il y a quelque chose de très beau qui rôde autour de moi. Mais chaque fois que je dis à Coutard de vite panoramiquer pour le capter, ça a disparu. » L'interdiction totale du *Petit Soldat*, censuré par le ministère de l'Information, ne fait qu'accentuer ce désarroi. En privé, Truffaut n'hésite pas à formuler quelques sévères critiques à l'égard de certains films estampillés Nouvelle Vague qui, à ses yeux, « font un mal fou » au jeune cinéma français. Il va jusqu'à évoquer « ces histoires qui regroupent en quelques minutes tout ce que l'on reproche aux jeunes cinéastes, à juste titre, depuis quelque temps, amateurisme, mondanité, personnages excentriques et incompréhensibles ». Mais son attitude publique est bien différente. Face aux attaques contre la Nouvelle Vague qu'il juge démagogiques, il décide de contre-attaquer. « Auparavant, dans les interviews, Godard, Resnais, Malle, Chabrol, moi et d'autres, nous disions : "La Nouvelle Vague n'existe pas, ça ne veut rien dire." Après, j'ai revendiqué mon appartenance à ce mouvement. Il fallait alors être fier d'être de la Nouvelle Vague comme d'avoir été juif pendant l'occupation. » Après l'échec du *Pianiste*, Truffaut tient ainsi à rappeler qu'il existe un « esprit Nouvelle Vague », malgré la diversité de ses auteurs. « Les bons films se tournent dans les chambres, le cul sur une chaise, ou dans la rue, les pieds dans le ruisseau », n'hésite-t-il pas à écrire à une amie américaine.

Quelques mois plus tard, en octobre 1961, Truffaut accorde un long entretien à Louis Marcorelles pour *France Observateur*. Il s'y exprime à la fois comme cinéaste, ancien critique, et surtout comme chef de file de la Nouvelle Vague, avouant honnêtement que ce mouvement connaît quelques difficultés. « Je reconnais qu'il y a un malaise, un mauvais moment à passer et des solutions à trouver. J'attribue ce malaise à un paradoxe qui est le suivant : l'effort essentiel du "nouveau cinéma" a porté sur une émancipation vis-à-vis de l'industrie du cinéma. Les films étaient devenus impersonnels à force de contraintes. Nous avons pensé qu'il fallait tout simplifier pour travailler librement et faire des films pauvres sur des sujets simples, d'où cette masse de films Nouvelle Vague dont le seul point commun est une somme de refus : refus de la figuration, refus d'une intrigue théâtrale, refus des grands décors, refus des scènes explicatives ; ce sont souvent des films à trois ou quatre personnes avec très peu d'action. Malheureusement certains aspects de ces films se trouvent recouper un genre littéraire qui agace beaucoup la critique et le public d'exclusivité actuellement, un genre que l'on peut surnommer le saganisme : voiture de sport, bouteilles de scotch, amours rapides, etc. La légèreté voulue de ces films passe – parfois à tort, parfois à raison – pour de la frivolité. Là où la confusion s'installe donc, c'est que les qualités de ce nouveau cinéma : la grâce, la légèreté, la pudeur, l'élégance, la rapidité, vont dans le même sens que ses défauts : la frivolité,

l'inconscience, la naïveté. Le résultat ? Tous ces films, bons ou mauvais, se nuisent les uns aux autres ! »

Le jeune cinéaste répond aussi sur le terrain de la politique et de l'engagement, celui où les attaques sont les plus nombreuses. Lui qui a, en septembre 1960, signé le *Manifeste des 121* prônant le droit à l'insoumission des Français appelés à servir en Algérie (avec Resnais, Kast, Doniol-Valcroze, autres cinéastes de la Nouvelle Vague), estime n'avoir de leçon de morale à recevoir de personne, et justifie son refus du « film militant » ou même du simple « film à thèse » en ces termes : « Le meilleur sujet éternel est l'amour, donc on a tort de reprocher au jeune cinéma de trop en parler. Le meilleur sujet actuel est l'Algérie dont on nous reproche de ne pas parler. Quand un critique condamne un film pour sa frivolité alors qu'il existe des sujets autrement plus graves, je pense qu'il reproche tout simplement au cinéaste de ne pas être un journaliste, car les choses urgentes relèvent du journalisme. Je ne crois pas qu'il y ait pour l'artiste d'aujourd'hui une plus grande nécessité de traiter les problèmes de son époque qu'aux siècles passés ; on est toujours entre deux guerres, et j'appartiens à une génération très pessimiste sur ce point. Personnellement, j'ai choisi la fiction ; elle n'exclut pas les idées sur la vie, sur le monde, sur la société. Mais j'aime par-dessus tout ce qui brouille les pistes, ce qui sème le doute, et ce n'est pas comme cela qu'il faut parler des "problèmes de société". »

LA MORT DE NANA (ANNA KARINA) À LA FIN DE *VIVRE SA VIE*.

Malaise face à l'histoire

On a souvent dit que la Nouvelle Vague était de droite. Et même d'extrême droite, si l'on s'en tient aux liens personnels qui ont pu rapprocher François Truffaut de Lucien Rebatet, plume de la collaboration et de l'antisémitisme, ou Claude Chabrol de Jean-Marie Le Pen, chef du Front national. Ni Truffaut, autrefois, ni Chabrol, plus récemment, ne s'en sont d'ailleurs cachés. Sans doute parce que, pour eux, ces liens d'amitié n'avaient pas valeur d'engagement, juste de provocation. Choquer la bonne conscience

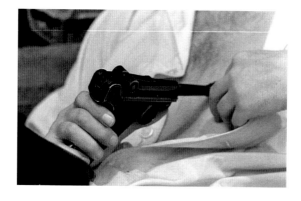

LE SUICIDE D'ALAIN LEROY
(MAURICE RONET),
À LA FIN DU *FEU FOLLET*
DE LOUIS MALLE.

de gauche, faire scandale, cela fut hautement revendiqué par les jeunes Turcs de la Nouvelle Vague. Il y eut également de virulentes polémiques lors desquelles les *Cahiers du cinéma*, principal vecteur de la pensée du cinéma propre à la Nouvelle Vague, furent qualifiés de « revue fasciste », et les principaux films des jeunes Turcs d'un esprit caractéristique de l'« anarchisme de droite ». Cependant, l'effervescence même de ce contexte polémique semblait rendre ces attaques hors de propos, du moins exagérées. Il faut aller y voir de plus près, car, replongés dans leur contexte, celui de la vie intellectuelle et culturelle des années cinquante et soixante, la Nouvelle Vague et le mouvement critique qui la forgea trouvent une forte résonance politique : dandysme de tendance hussarde ? Bras cinématographique du gaullisme à peine arrivé au pouvoir ? Ou, au contraire,

éloge rebelle d'une jeunesse libérée des contraintes morales et des valeurs traditionnelles ? Plutôt, en définitive, une façon d'échapper aux engagements obligés en considérant son époque avec la lucidité mélancolique de ceux qui ont la certitude d'être passé à côté de l'histoire. Mais c'est là, précisément, une façon de faire œuvre politique, du moins d'entrer dans l'histoire. Car la Nouvelle Vague a pu saisir son temps parce qu'elle était mal à l'aise avec lui : elle a incarné la jeunesse, sa jeunesse, parce qu'elle a voulu de toutes ses forces fuir cette incarnation-là, elle a été dans l'histoire en étant contre son histoire.

Dans *La Gazette du cinéma* puis dans les *Cahiers du cinéma* et *Arts*, Alexandre Astruc, Eric Rohmer, Jacques Rivette, Jean Douchet, François Truffaut, Jean-Luc Godard, Claude Chabrol, ont pratiqué un éloge forcené du style. Cet éloge de la forme propre aux jeunes Turcs, dans un contexte de guerre froide et de culture progressiste largement dominante, est politiquement provocateur dans les milieux intellectuels. Mais cette provocation est l'arme de la jeune critique, celle qui fait réagir violemment les adversaires de la future Nouvelle Vague, et qui rend célèbre cette école de pensée cinéphile en voie de devenir une veine cinématographique. Dans des textes sur le

Je me tue parce que vous ne m'avez pas aimé, parce que je ne vous ai pas aimés. Je me tue parce que nos rapports furent lâches, pour resserrer nos rapports je laisserai sur vous une tache indélébile.

cinéma, vifs, stylés, provocateurs, parfois potaches, très littéraires, et maniant l'imprécation avec une jouissance certaine, on peut assez clairement lire l'influence de la littérature de droite et de son appel au « désengagement ». Tout est question de style chez ces jeunes hussards de la critique, ainsi que l'écrit Bernard Frank : « Comme tous les fascistes, ils détestent la discussion, les longueurs, les idées. Ils se délectent de la phrase courte dont ils se croient un peu trop les inventeurs. » Incision de la phrase, brio de la chute, précision de la langue, vigueur du ton, stimulation du récit, fascination des corps, culte de la femme et de ses beautés, désespoir de la vanité, jouissance de la séduction, enivrement triste de la dépression, tout cela est tourné contre la logorrhée utilitaire du discours militant. Ces indices ne laissent guère de doute : la critique moderne de cinéma, celle qui a eu la clairvoyance de voir les films à travers leur mise en scène, qui a osé affirmer que la pensée d'un auteur était essentiellement formelle, et a su constituer un panthéon de cinéastes pour illustrer ses partis pris, cette critique moderne de cinéma est née et s'est affirmée à droite. Jamais, ou rarement, à travers un vrai militantisme de droite, mais toujours, ou souvent, en usant de formes (la polé-

mique, le désengagement, l'élitisme, l'éloge du style, le dandysme, le formalisme, le mysticisme, le non-conformisme, la provocation) que revendiquaient alors une certaine écriture et une certaine pensée de droite. Sans doute faut-il nuancer : la forme, pour les jeunes Turcs, est sans doute moins le refuge d'une idéologie consciente que d'une morale de cinéma. Ils campent sur une éthique interne à la forme elle-même. « La morale est affaire de travellings », comme l'ont dit Moullet et Godard, et elle n'est donc ni de droite ni de gauche : simplement cinématographique. Fallait-il cependant être un jeune homme de droite – certains l'étaient consciemment, jusqu'à la provocation, d'autres l'étaient sans le savoir –, au milieu des années cinquante, pour prendre le tournant moderne de la critique de cinéma ? Cela n'était pas suffisant, bien sûr, mais cela semblait parfois nécessaire. Il faut

rendre ce tribut à la droite littéraire et artistique, comme un éloge du regard qui, à vif, distingue les formes, le style, la mise en scène, et les dégage des militances, des causes ainsi que des grands sujets. L'école critique de la Nouvelle Vague repose ainsi sur un paradoxe politique des plus singuliers : tandis que la plupart des « tournants modernes » au mitan du

siècle sont, en France, nés à gauche – tant la critique littéraire (le Nouveau Roman ou l'analyse mytho-sémiologique d'un Roland Barthes), que théâtrale (le « brechtisme » de Bernard Dort), et bien sûr le structuralisme –, seule la critique cinématographique s'appuie, pour sa part la plus innovante (la tradition des *Cahiers du cinéma*), sur un soubassement idéo-logique, stylistique, voire dandy, identifié à droite.

Cet esprit hussard, ce style jeune droite, nombreux sont les observateurs du cinéma français à les voir réapparaître dans les premiers films de la Nouvelle Vague. On a surtout dit, sur le moment, qu'elle voulait se situer ailleurs, hors du champ social et politique, et que cela n'était pas très responsable, moralement et politiquement, au moment où l'armée torturait en Algérie, où la jeunesse devenait un problème à travers les premières dérives médiati-sées des « blousons noirs », les soifs de change-ments et les revendications sociales. Un cinéma « qui n'a rien à dire », voilà le cœur des attaques lancées contre une Nouvelle Vague désengagée. On trouve la trace dans de multiples films de la Nouvelle Vague de ce malaise vis-à-vis du temps présent ou de l'histoire. Ce rapport à son époque ou au passé est le signe d'une interrogation sur soi historique-ment non résolue. C'est ce qu'exprime très exem-plairement Bruno Forestier en 1960, le héros du *Petit Soldat* incarné par Michel Subor, dans sa confession finale de jeune recrue politique de la désillusion, du désenchantement, du mal-être, devenu le témoin

ironique, cynique, narquois, de son propre déclin : « C'est terrible aujourd'hui, si vous restez tranquille à ne rien faire, on vous engueule, justement parce que vous ne faites rien. Alors on fait les choses sans conviction, et je trouve que c'est dommage de faire la guerre sans conviction. Il y a une phrase très belle, de qui est-elle ? Je crois qu'elle est de Lénine : "L'éthique, c'est l'esthétique de l'avenir…" Je trouve cette phrase très émouvante. Elle réconcilie la droite et la gauche. À quoi pensent les gens de droite et de gauche ? Dès qu'un gouvernement réactionnaire arrive au pouvoir, il applique une politique de gauche, et le contraire… Vers 1930, les jeunes gens avaient la révolution. Par exemple Malraux, Drieu La Rochelle, Aragon. Nous n'avons plus rien. Ils avaient la guerre d'Espagne, nous n'avons même pas une guerre à nous. » Forestier, anarchiste de droite mais jeune homme aux lectures de gauche, dandy de style désespéré, est à la recherche d'un idéal. Il ne le trou-vera pas. « Peut-être, après tout, poser des questions est plus important que de trouver des réponses », finit-il par conclure. Godard s'est expliqué à plusieurs reprises sur les engagements ambigus de son petit soldat genevois, qui travaille pour un réseau clandes-tin terroriste d'extrême droite, et qui est torturé par les militants algériens du FLN, mais lit et aime claire-ment sur sa gauche. « J'ai voulu rejoindre le réalisme que j'avais manqué dans *À bout de souffle*, le concret, dit-il ainsi en décembre 1962 dans les *Cahiers du cinéma*. Le film doit témoigner sur l'époque. On y

BRUNO FORESTIER, HÉROS DU *PETIT SOLDAT*,

JOUÉ PAR MICHEL SUBOR, EST FASCINÉ PAR LES ARMES ;

IL N'HÉSITE PAS À « RÉARMER » HITLER VINGT ANS

APRÈS LA GUERRE.

parle de politique, mais il n'est pas orienté dans le sens d'une politique. Ma façon de m'engager a été de dire : on reproche à la Nouvelle Vague de ne montrer que des gens dans les lits, je vais en montrer qui font de la politique et qui n'ont pas le temps de coucher. Or la politique, en 1960, c'était l'Algérie. Personnellement, je ne prends pas parti. Je suis à la fois pour la fille, de gauche, et pour le petit soldat, de droite. J'ai raconté l'histoire d'un agent de droite, mais je pourrais aussi bien réaliser un film sur la vie de Djamila Bouhired. Au reste, le petit soldat est un homme de droite et en même temps de gauche parce qu'il est sentimental. À la fois proche du Gilles de Drieu La Rochelle et de l'Aurélien d'Aragon ; c'est un personnage romantique qui raisonne "à gauche" dans des situations "de droite". S'il devait choisir, il serait sans doute dans "l'autre camp". Il m'est facile de m'identifier à lui. Quand je me regarde dans une glace, j'éprouve souvent le même sentiment. » Il est assez difficile – c'est une litote – de s'y retrouver politiquement dans *Le Petit Soldat*, comme d'ailleurs dans la pensée de Godard en cette époque où il alterne prises de position et provocations.

Par contre, il est certain que le cinéaste, ses héros, et plus généralement la Nouvelle Vague, partagent un sentiment d'être mal à l'aise dans leur temps : à la fois profondément décalés, conscients du peu d'épaisseur historique du présent, et fascinés par les perdants de l'histoire. Cet « autre camp » dont parle Godard, mêle tous ceux qui n'ont pas raison face à l'engagement massif et progressiste des intellectuels français du moment : les ex-collaborateurs de l'Occupation devenus les épurés de la Libération, les hussards devenus les « écrivains fascistes » pour la prose progressiste et engagé des *Temps modernes*, les petits soldats d'extrême droite, objets d'un intérêt romantique et romanesque au moment où ils sont pourchassés aussi bien par la police gaulliste que par les militants de l'anticolonialisme. Davantage qu'un engagement politique revendiqué et contextualisé, il s'agit d'un désarroi temporel face au monde et à son histoire, ainsi que l'affirme Jean Collet dans une analyse du *Petit Soldat* publiée dès 1963, qu'on peut presque lire tel un manifeste générationnel du trouble des héros Nouvelle Vague, ces jeunes gens mal dans leur siècle : « Avoir vingt ans en 1950, et être né dans un monde vieux. Nous avions tout à consommer, rien à conquérir, on avait tout inventé pour nous, on avait fait la guerre pour nous, on avait pensé pour nous, on avait regardé, jugé, détruit, bâti pour nous. Nous n'avions plus qu'à habiter, à admirer, à remercier, à dormir, à rêver. Chaque siècle a son mal, chaque génération aussi. Certaines souffrent parce qu'elles ne connaissent pas leurs pères, parce qu'elles débarquent dans un monde vide. D'autres souffrent pour une raison exactement contraire : parce qu'elles abordent un monde trop plein, trop fait, parce que leurs pères sont trop présents. Bref, à tort ou à raison, nous n'avions plus à inventer notre vie, mais à nous laisser vivre. À hériter de tout ce que nos pères avaient écrit, pensé, filmé, pour nous. Nous étions une génération de spectateurs. » Ce qui caractérise l'esprit de la Nouvelle Vague n'est pas l'absence du contexte politique – au contraire, il est certainement beaucoup plus présent que dans le cinéma français des deux décennies précédentes –, mais le refus des simplifications qui font l'efficacité de l'engagement. L'idée que le monde est plus complexe que ne le disent les hommes politiques et les militants est une idée-force d'un mouvement qui, politiquement, a toujours voulu brouiller les pistes. Comme si la Nouvelle Vague, qui n'a guère aimé son temps, avait préféré le *romantiser*, le transformer en légende de noir et blanc grâce au style souverain d'une forme cinématographique toute puissante.

Il est ainsi une demi-douzaine de films de la Nouvelle Vague qui propose une illustration très directe de ces héros du vague à l'âme, tant politique, esthétique ou existentiel, une galerie de portraits dandys et désespérés, cyniques et ténébreux, caractérisant assez justement le style d'oxymore de l'anarchisme de droite, cette posture politique provocatrice et infantile. C'est, par exemple, le personnage de l'écrivain portant lunettes noires et parlant par énigmes que Patricia va interviewer à Orly dans *À bout de souffle*. L'auteur de *Candidat* ne croit plus qu'à l'amour, mais ne le différencie pas de l'érotisme, se montre « profondément pessimiste » et vénère la France comme « pays de l'intelligence », finissant par avouer, sur question de Patricia, sa plus grande ambition dans la vie : « Devenir immortel, et puis mourir. » Séries de syllogismes réfutables et de contre-pieds désinvoltes qui recouvrent assez justement le style hussard, d'autant que le romancier, « admirateur de Casanova et de Cocteau », est incarné par le cinéaste maniériste Jean-Pierre Melville, et porte pour nom « Parvulesco », référence souterrainement cryptée à un jeune fasciste d'origine roumaine, Jean Parvulesco, rencontré par Godard au Ciné-Club du Quartier latin, qui le fascine par ses prises de position radicalement extrémistes, admirateur fervent des légions du général Franco.

Les Cousins, deuxième film tourné par Claude Chabrol en 1958, propose également son hussard : le personnage flamboyant de Paul, incarné avec un mélange de nonchalance et d'entrain par Jean-Claude Brialy, dont le jeu enlevé ponctué de brusques accès de désespoir est assez propre à ce que pourrait être le style « jeune droite » transposé dans le jeu d'acteur. Paul des villes, accueillant dans son appartement de Neuilly son cousin Charles des champs

(Gérard Blain), monté à Paris pour ses études de droit à la Sorbonne, est indéniablement un jeune homme de droite, même s'il ne parle pas de politique. Ses relations, mondaines, racistes, le font pour lui, qui fréquente la mafia et les barbouzes. Mais tout en lui fait style et sens : son goût immodéré des armes à feu et des trophées de chasse, qu'il collectionne en nombre ; son aspect soigné de petit marquis élégant ; sa locomotion en voiture de sport décapotable à travers Paris, jusqu'à son club du Quartier latin, l'Association, où les filles, assises autour du comptoir, célèbrent son arrivée en riant et gloussant ; et puis son art de la repartie et de la phrase ciselée : « Je suis l'image vivante de l'inanité du travail. » Enfin, et surtout, son amour de la décadence, comme lorsqu'il arpente, au cœur de la nuit, des fêtes aux convives ravagés par l'alcool et lançant, en enjambant avec désinvolture des corps épuisés : « C'est Babylone, c'est Babylone… » Son usage extrêmement provocateur de la culture allemande, aussi, à peine quinze ans après la fin de la guerre, puisqu'il ponctue d'allemand une bonne part de ses propos, cite Goethe, Nietzsche et surtout Wagner. Le clou de la fête, chez lui, est un rituel wagnérien qui choqua tant à la sortie du film, au début de l'année 1959 : Paul, coiffé d'une casquette de soldat de la Wehrmacht, déclame dans l'obscurité, à la lumière d'un flambeau païen et sur fond sonore tiré de la *Tétralogie* du maître de Bayreuth, des vers en allemand évoquant un « pauvre combattant solitaire » errant au milieu des cadavres de ses camarades. Au petit matin, ultime blague de très mauvais goût, toujours aussi provocatrice, Paul hurle « Gestapo » et commence à faire mine de torturer un jeune homme qui se réveille brusquement, effrayé, puis s'enfuit sans demander son reste en criant « tu m'as fait peur… » Ce que l'on comprend quand Paul explique à son cousin : « Marc est juif, alors ça lui a fait un coup, ça l'a vite dessaoulé… » Cette fascination aryenne est assez typique des actes iconoclastes de Paul Gégauff, le scénariste de Chabrol, modèle de cette lignée de Paul naissant dans *Les Cousins*, jeune homme bien mis, provocateur, séducteur impénitent, qui pouvait arriver à un bal costumé de 1949 déguisé en officier nazi traînant derrière lui au bout d'une corde un ami portant l'habit rayé des déportés. On pourrait également la rapprocher d'un début de roman de Roger Nimier, « Quand j'étais à la Waffen SS… » Comme si la jeunesse dorée pouvait tout se permettre, y compris flirter avec les symboles hitlériens de la droite extrême. Paul finira par tuer Charles, d'un coup de revolver malheureux, après lui avoir pris sa fiancée, mais pour rien, gratuite-ment, par jeu, accidentellement, avec nonchalance, « pour ne pas crever d'ennui » et par désœuvrement. Une mort sans cause, stupide, désengagée.

Le vrai militant d'extrême droite de la Nouvelle Vague, c'est dans *Le Combat dans l'île*, d'Alain Cavalier (1962), qu'on le trouve. Jean-Louis Trintignant est Clément, froid, méticuleux, perclus de jalousie, raciste, parfois violent, mais intelligent, fin, racé, têtu, séduisant. Marchant, raide et droit, au bord de la folie. Sous couvert d'une association de chasse, il rejoint régulièrement un groupe d'hommes dans une maison isolée, afin de subir un endoctrinement sévère et des exercices pratiques de maniements d'armes à feu. C'est un groupuscule d'extrême droite qui ne porte pas le nom d'OAS pour ne pas trop froisser la censure. Il prépare et exécute un attentat terroriste à l'aide d'un bazooka, contre un député progressiste. C'est un film de gauche, évidemment, mais la minutieuse description de la vie de ce petit soldat perdu de l'OAS, traqué, inquiétant, désemparé et pourtant figé dans ses certitudes, est poignante. Clément est certes un contre-héros, mais il pousse jusqu'au bout la logique

des perdants de l'histoire, et en cela éclaire la fascina-tion de la Nouvelle Vague pour ces figures décalées de proscrits, pour ces rebelles de la défaite. Ne pas être dans le camp des vainqueurs, telle est la logique programmée des contre-héros d'une Nouvelle Vague parfois hypnotisée par le culte de l'action fatale de la droite révolutionnaire.

Mais le plus beau héros hussard de la Nouvelle Vague, sans dérive terroriste mais avec errance éthy-lique, au destin tragique et à la séduction maladive, le tout avec style et élégance, est indéniablement Alain Leroy, l'homme malheureux du *Feu follet*, incarné par Maurice Ronet dans le film tourné en 1962 par Louis Malle d'après le roman de Pierre Drieu La Rochelle. Alain est malheureux, c'est un postulat. Il écrit, mais rature surtout. Il quitte parfois la maison de santé versaillaise, où il est depuis quatre mois en cure de désintoxication, pour errer nuitamment à Paris au bras de femmes qu'il fascine par sa beauté triste et sa séduction désespérée. Lui aussi possède certains attributs obligés du dandysme hussard : il aime les armes, les femmes, la mort, les lettres, et vit dans un temps décalé où le présent fait pâle figure face à un

BRUNO FORESTIER
(MICHEL SUBOR) DANS
LE PETIT SOLDAT
DE JEAN-LUC GODARD.

passé où Alain « a commandé », a « été dans l'armée », a vraiment vécu, dans l'action, l'ivresse du plaisir, le saisissement de l'histoire – sans doute l'aventure coloniale, mais cela n'est pas explicité. Désormais, tout s'est défait, la pensée comme la vie, la création comme l'action, et Alain Leroy a décidé de se suicider, le 23 juillet, dans quarante-huit heures. Il vit ces quelques heures dans l'alcool, le libertinage, et le ressassement dépressif. « La vie ne va pas assez vite en moi », « J'ai horreur de la médiocrité, j'arrête, j'en ai assez, je ne veux pas vieillir », « j'ai le goût du risque et de la mort, c'est dans mon sang », autant de phrases dites en voix off par un Maurice Ronet inspiré et abattu, battant le pavé humide et traversant Paris dans la lumière, tantôt blanche tantôt noire, de Ghislain Cloquet, le chef opérateur de Louis Malle et d'Alain Resnais. Ce florilège est celui de la déprime, qui se vit sur le mode suicidaire (une balle de colt dans le cœur, à la fin, quand point l'aube blême du petit matin), mais avec style. Hussard jusque dans le désengagement – « complètement dépolitisé », déclare-t-il pour se définir lors d'un dîner où il faudrait prendre position –, Alain Leroy retrouve le rictus amer et ironique du *Hussard bleu* de Roger Nimier, celui des *Enfants tristes*, ceux qui ont eu « vingt ans et les fumées d'Hiroshima pour [leur] apprendre que le monde n'était ni sérieux, ni durable… », cette génération qui « aura eu vingt ans pour la fin du monde civilisé ». Ni insouciance, ni action, ni engagement, ni création, seulement le désespoir. Nimier est l'écrivain qui permet à Malle et à Ronet d'adapter Drieu La Rochelle au début des années soixante, avec ses héros « en détachement du monde » : « Notre détachement ne serait pas si profond si une dernière raison n'intervenait : il n'y a rien à attendre de l'avenir. » Contre l'esprit de sérieux, face à l'intellectuel engagé, voici le héros Nouvelle Vague : cette impuissance à être acteur dans son temps qui en fait l'être le plus stylé de son temps.

Paradoxalement, la politique réside pourtant dans le projet même de la Nouvelle Vague, c'est-à-dire dans la mise en application concrète des principes forgés au cours des années cinquante par une pensée du cinéma désengagée. C'est par ce biais a priori inattendu que la Nouvelle Vague rencontre la politique, lorsque quelques idées de cinéma avancées par une critique apolitique se trouvent mises en pratique. Cela au nom du style, grand argument, qui est, pour la critique façon jeunes Turcs, le gage premier de la personnalité d'un artiste. Dans l'un de ses premiers textes, « Pour un cinéma politique », écrit à vingt ans

dans *La Gazette du cinéma* en septembre 1950, Jean-Luc Godard exhorte ainsi les cinéastes français en panne d'imagination et de sujets à filmer naturellement l'histoire de leur pays, à « filmer comme s'il s'agissait de bandes d'actualités pour la propagande soviétique » : « Cinéastes français qui manquez de scénarios, malheureux, comment n'avez-vous pas encore filmé la répartition des impôts, la mort de Philippe Henriot, la vie merveilleuse de Danielle Casanova ? » Quelques années plus tard, les jeunes apprentis cinéastes de la Nouvelle Vague tournent leurs « actualités » en filmant des corps jeunes de leur temps, qui parlent, s'aiment, divaguent, même s'ils le font plus avec une certaine élégance détachée qu'avec un véritable engagement politique. Considérons, par exemple, les courts métrages initiaux des jeunes Turcs, premières expériences de mise en scène. *Le Coup du berger* de Jacques Rivette, *Charlotte et son steak* d'Éric Rohmer, *Charlotte et son Jules* de Jean-Luc Godard, *Les Mistons* de François Truffaut, tous refusent sciemment les « grands » sujets. Ce sont, à chaque reprise, de purs exercices de style, illustration directe de ce néoformalisme qu'André Bazin considérait avec suspicion, films en appartement ou en décors champêtres, prenant exclusivement pour objets les vaudevilles amoureux de jeunes gens qui marivaudent. Très éloignés, donc, au même moment, d'un Claude Autant-Lara qui peint avec une causticité sans égale les comportements lâches et veules des Français sous l'Occupation (*La Traversée de Paris*), ou des films à thèse d'un Cayatte (la peine de mort, le fonctionnement de la justice, l'avortement), d'un Allégret (la prostitution), sans parler des films nettement engagés de Louis Daquin ou d'Alain Resnais, tournant *Les statues meurent aussi* contre les méfaits du colonialisme, et *Nuit et Brouillard* contre ceux de l'oubli de la solution finale. Ce sont là des œuvres véritablement politiques. Pourtant, les marivaudages de la Nouvelle Vague sont aussi politiques que les engagements du cinéma français des années cinquante. Mais ils le sont autrement, presque par nature, avec leur style. Pour reprendre l'expression du tout jeune Godard, les jeunes cinéastes ont trouvé dans leurs héroïnes plutôt saganiennes de « modernes Danielle Casanova ». Car les courts métrages de la Nouvelle Vague proposent une expérimentation inédite, extrêmement fragile et éphémère, où la forme même des films (leur tournage, leur technique, en un mot le regard qu'ils imposent) devient un moyen d'enregistrer à l'écran de la politique. Ce n'est plus le scénario ou le message, les dialogues ou les sujets qui impressionnent politiquement, au contraire, c'est une manière de filmer, d'éclairer, de repérer des lieux, de faire bouger les corps, qui saisit la politique précisément là où elle ne pouvait pas être capturée par le cinéma à l'ancienne : dans la jeunesse d'une époque vue à travers un style personnel. En ce sens, la Nouvelle Vague a pu saisir son temps parce qu'elle était mal à l'aise avec lui. Être mal dans son temps permet de le capter, avec la distance nécessaire pour s'en approprier la complexe contemporanéité. Tous les héros et toutes les héroïnes de la Nouvelle Vague, du mal de vivre godardien à la nostalgie truffaldienne, du dandysme chabrolien à la culpabilité resnaisienne, ont un rapport non-évident à leur époque, écart des comportements et décalage du regard par où précisément s'immiscent le style et la captation du réel. Être contemporain, pour la Nouvelle Vague, c'est être résolument décalé, mais c'est ainsi que s'ouvre l'angle de vue autorisant la saisie des choses et des êtres. La Nouvelle Vague n'illustre pas son temps, elle le capte en le commentant avec malaise. Là est sa politique.

C'est sa manière particulière d'être « à l'heure juste » comme le dit Godard, forme du pamphlet politique que se donne par son style propre la Nouvelle Vague. La politique, ici, signifie cette « contemporanéité décalée » d'une apparence ou d'un mot, et surtout une façon stylée de construire la possibilité de l'enregistrer : d'un coup, le réel d'une jeunesse de France surgit à l'écran car il a la liberté perverse de le faire. Il n'est plus maquillé, plâtré de décors, empesé de costumes, éclairé avec art, dialogué de bons mots, typé selon les codes d'un cinéma du bon goût. Il est prêt à être enregistré par une caméra légère susceptible de le capter là où, politiquement, il réside : dans les rues et les appartements de la jeunesse. Truffaut tournant *Le Pianiste* ou *Jules et Jim*, Chabrol *Les Cousins*, *les Godelureaux* ou *Les Bonnes Femmes*, Godard *À bout de souffle*, *Une femme est une femme* ou *Bande à part*, Rivette *Paris nous appartient*, Rohmer *Le Signe du lion* ou *La Boulangère de Monceau*. Aucun ne fait directement du cinéma politique, mais chacun conçoit désormais politiquement le cinéma, c'est-à-dire comme le révélateur d'une certaine vérité surgie d'un présent qui est enfin contemporain. La Nouvelle Vague est ainsi un paradoxe politique : une même forme cinématographique peut être successivement de droite et de gauche. Cette forme est une chimère politiquement bifront : quand elle est style, elle penche à droite, quand elle est réalisme, elle regarde vers la gauche. L'éloge de la mise en scène, redoutable arme

de guerre d'une jeunesse critique tentant d'échapper au film à thèse et à message, levier du désengagement, est soupçonné avec quelque raison de droitisme hussard, voire de dandysme fascisant, dans les années cinquante. Mais quelques années plus tard, les mêmes metteurs en scène ayant mis en pratique leurs théories sont vus selon le prisme du réalisme de la saisie directe des faits et gestes de la jeunesse française. Et ce cinéma-là, tout à fait stylé, est considéré comme de gauche, épousant les aspirations au changement des jeunes gens qu'il a fait siens.

La Nouvelle Vague passe ainsi de droite à gauche, ce qui aboutit au paradoxe politique propre à élaborer une construction mythologique majeure de la culture française : ce serait la cinéphilie – ce retrait hors du monde, cet amour des images de la salle obscure, ce refus de la société – qui exprimera le mieux l'esprit de Mai 68. Si le cinéma joue en France un tel rôle historique dans la constitution de la mythologie révolutionnaire de 68 – alors qu'objectivement il ne joua qu'un faible rôle dans les mobilisations du moment, et filma avec peine les événements de Mai ou la saga gauchiste qui s'ensuivit –, c'est qu'il avait déjà imprégné les esprits. Les jeunes gens qui descendent dans la rue, comme ceux qui rêveront ensuite à la révolution, sont, d'une certaine manière, les enfants de la Nouvelle Vague aussi bien que ceux de l'anti-impérialisme. Les plans des *Quatre Cents Coups*, d'*À bout de souffle*, du *Petit Soldat*, d'*Hiroshima mon amour*, de *Lola*, de *Cléo de 5 à 7* ou d'*Adieu Philippine*, rôdent dans les esprits et les imaginaires : les yeux voient par eux, le vent de la contestation souffle grâce à eux, même s'ils ont pu, à leur naissance, être compris comme des manifestes d'un cinéma sans histoire. Mais quand la Nouvelle Vague sort des salles pour prendre la rue, Mai 68 se profile à l'horizon. Les cinéphiles vont perdre leur raison d'être – comme brûlés aux rayons d'une lumière qui n'est plus celle des salles obscures – et la Nouvelle Vague une part de son style désengagé, peu à peu revisité comme le manifeste d'une France rebelle. Les uns et l'autre offrent à la jeunesse une imagerie de révolte, des fragments de film pour voir un monde différent et tenter de faire la révolution en noir et blanc. La révolte politique, qui prend une sonorité avant tout musicale dans les pays anglo-saxons, tourne en France autour dès images du cinéma, et c'est un héritage de la Nouvelle Vague. Ne lit-on pas sur les murs de la Sorbonne, parmi les slogans de Mai, celui qui dit cette imagination cinématographique au pouvoir : « Vive Pierrot le fou ! »

La mort

Le début de l'année 1962 marque la mort de la Nouvelle Vague, meurtrie par les attaques, mise à terre par les échecs commerciaux, achevée par ses dissensions internes. « Quel gâchis dans notre métier, avoue Truffaut dans une lettre à une amie. Naturellement, mes copains de la Nouvelle Vague ont péché par excès de confiance en eux, Chabrol en tête, mais le vieux cinéma a bien déconné aussi : le producteur de *La Fayette* perdra six cents millions avec ce seul film. » Le cinéma français est désormais en crise, l'une de ses crises les plus graves. Non seulement la fréquentation générale des salles continue de plonger, mais, de plus, la vague est bel et bien retombée : il redevient très difficile pour un débutant de la mise en scène de monter son affaire, et le mouvement, très hétéroclite au départ, a éclaté en rivalités insurmontables. Le « chacun pour soi » tourne parfois en affrontement ouvert : la guerre civile est déclarée au sein même du mouvement, préludant à ce que la presse, dès le début de l'année 1962, appelle la « mort de la Nouvelle Vague ».

Cette crise se noue autour d'un conflit particulier dont Truffaut, Godard, Chabrol, Vadim, Malle – soit le gotha du mouvement – sont les protagonistes les plus voyants, un conflit que *L'Aurore*, dans son édition du 2 février 1962, nomme « le procès de la Nouvelle Vague ». L'affaire couvre chronologiquement la durée de vie du mouvement, débutant en juin 1959 lorsque Brigitte Bardot accepte d'être la vedette féminine de *La Bride sur le cou*, le premier film de Jean Aurel, journaliste d'*Arts* et ami proche de Truffaut. Après une préparation laborieuse, le tournage commence le 1er décembre 1960. Trois jours plus tard, Roger Vadim, l'ex-mari de la vedette féminine, est contacté par la production pour « superviser » un tournage qui s'annonce peu commode. Le 12 décembre, Jean Aurel s'aperçoit qu'il ne s'agit pas d'une simple supervision mais d'un remplacement pur et simple. Il quitte le tournage, dénonçant les comportements de Bardot et de Vadim. Ceux-ci, pour défense, arguent de l'incapacité d'Aurel à mettre en place son tournage et à diriger l'actrice.

François Truffaut s'empare rapidement de l'affaire et la dévoile sur la place publique dans un virulent article de *France Observateur*, publié le 22 décembre 1960. Il y défend la « morale de l'auteur de film » et dénonce l'attitude « non confraternelle » de Vadim. Plus encore, ce texte est compris comme une scène de famille au sein de la Nouvelle Vague : le père du mouvement – que la grande presse présente comme tel depuis *Et Dieu créa la femme* –, est pris à parti par son « fils » le plus brillant et le plus virulent, l'auteur des *Quatre Cents Coups*. D'ailleurs, comme dans toute crise familiale, le ton monte et la conclusion du texte de Truffaut s'apparente à une mise en garde quasi insultante : « Toujours est-il que, pour moi, Roger Vadim fait désormais partie de ces gens de cinéma capables de tout et dont il faut par conséquent se méfier. » Dans la foulée, une déclaration signée par vingt-sept réalisateurs soutient la cause de Jean Aurel et tente de défendre les « droits de l'auteur de film » et la liberté pour chacun d'« improviser comme il l'entend sur un plateau de cinéma », c'est-à-dire les deux principes directeurs du cinéma de la Nouvelle Vague.

Roger Vadim ne l'entend pas de cette oreille et contre-attaque en traînant Truffaut devant la justice pour « diffamation ». L'affaire débouche sur un retentissant procès, le 29 janvier 1962, devant la dix-septième chambre correctionnelle de Paris. « Un procès très Nouvelle Vague, avec BB, Vadim, Truffaut, Chabrol, Godard », titre *France-Soir*, annonçant les vedettes et les célébrités qui vont comparaître à la barre en tant que témoins, l'un des plus beaux génériques du moment. Chacun des deux ennemis a demandé à ses témoins de venir le défendre. Vadim a appelé Louis Malle, Michel Subor et Brigitte Bardot elle-même pour garantir sa bonne foi et discréditer les « improvisations cinématographiques » d'Aurel. Truffaut a mobilisé de son côté un autre bord de la Nouvelle Vague, Resnais, Melville, Godard, Chabrol, Kast, Sautet, de Broca. Après une séance vaudevillesque, Bardot minaudant à la barre, Godard se faisant expulser pour « insulte à témoin », le verdict donne raison, symboliquement, à Vadim : son adversaire est condamné à lui verser un franc de dommages et intérêts. Ce n'est pas tant cette issue qui est importante, mais l'atmosphère que révèle ce procès. Une sévère crise de confiance parcourt le cinéma français en général et la Nouvelle Vague en particulier, éclatement et ambiance délétère qui soulignent la fin d'une époque, celle du règne (éphémère) des jeunes cinéastes. Pour la presse, pour les producteurs, pour les spectateurs mêmes, le nouveau cinéma français est mort et enterré. C'est une affaire réglée. Et Jean-Luc Godard écrit alors à François Truffaut ce mélancolique petit mot en guise d'épitaphe : « On ne se voit plus jamais, c'est idiot. Hier, je suis allé voir tourner Claude [Chabrol], c'est terrible, on n'a plus rien à se dire. Comme dans la chanson : au petit matin blême, il n'y a même plus d'amitié. On est parti chacun sur sa planète, et on ne se voit plus en gros plan, comme avant, seulement en plan général. Les filles avec lesquelles nous couchons nous séparent chaque jour davantage au lieu de nous rapprocher. »

L'AURORE DU 2 FÉVRIER 1962 : LE « PROCÈS DE LA NOUVELLE VAGUE ».

Reste un mythe

La Nouvelle Vague a été mise hors la loi par le réflexe de survie du cinéma traditionnel français. Caricaturée, mal copiée, bientôt conspuée, divisée, elle n'est qu'une expérience éphémère dans la France des années soixante. Dès 1962, le reflux est écrasant, et, paradoxalement, le cinéma français de la décennie soixante est étonnamment sage, presque bonhomme, très traditionnel, mis à part les films de Jean-Luc Godard qui, avec *Le Mépris, Pierrot le fou, La Chinoise* ou *Week-end*, parvient à prolonger et à radicaliser l'esprit Nouvelle Vague en France. Il est cependant totalement isolé. Chabrol œuvre uniquement sur commande, Truffaut, après *Jules et Jim* puis *La Peau douce*, s'est « exilé » en Angleterre pour la longue aventure de *Fahrenheit 451*, Rohmer, Rivette ne travaillent que de façon intermittente. Ce sont les films « ennemis », les comédies à la française *(La Grande Vadrouille* est le gros succès de la décennie), les films à thèmes, les films à vedettes, les adaptations littéraires qui dominent à nouveau le cinéma français. Et il faudra attendre les années soixante-dix pour voir les principaux auteurs de la Nouvelle Vague ressurgir et s'imposer peu à peu, Truffaut, Rohmer, Resnais, Chabrol reprenant progressivement le cours de leur carrière personnelle. Au même moment, la Nouvelle Vague connaît ses premiers descendants directs avec Jean Eustache, Philippe Garrel ou André Téchiné, une génération de fils à la fois inspirée et écrasée, dont la reconnaissance publique ne s'imposera que lentement.

Reste un mythe. La force de la Nouvelle Vague est en effet d'avoir imposé un imaginaire, une mythologie, un univers de gestes, d'apparences, de corps, d'objets, un univers que visite très rapidement la nostalgie. Jean-Paul Belmondo et Jean Seberg déambulant sur les Champs-Élysées, Jean-Pierre Léaud fuyant son adolescence délinquante vers une plage de Normandie. Voici autant d'images, d'*exempla*, qui ont marqué une génération et vieilliront avec elle, en elle, qui s'apparentent à des instantanés volés à l'esprit du temps et demeurent gravés sur les couvertures de livres, dans les citations et les références, sur les affiches ornant les chambres des enfants et des petits-enfants de la Nouvelle Vague. Mais s'il est une vraie réussite des jeunes cinéastes français, elle est sans conteste internationale. Au cours des années soixante, le modèle esthétique et économique du mouvement s'impose en effet à travers l'Europe, parfois même au-delà de l'Atlantique. Le cinéma italien, polonais, anglais, hongrois, yougoslave, tchèque, mais aussi japonais, brésilien, voire le cinéma indépendant américain, s'est largement inspiré des visions des films français et de leur souplesse technique et financière. Pour beaucoup de jeunes cinéastes à travers le monde, la Nouvelle Vague signifie une liberté nouvelle de tourner des sujets absolument personnels, grâce à des films aux coûts dérisoires. C'est une révélation dont les nombreux festivals qui fleurissent alors accueillent les fruits. Les jeunes cinémas nationaux renaissent ainsi avec une vitalité inédite au cours des années soixante. Bernardo Bertolucci, Jerzy Skolimowski, Nagisa Oshima, Karel Reisz, Alain Tanner, Martin Scorsese, tant d'autres, sont les fils légitimes ou illégitimes, peu importe, de la Nouvelle Vague.

ANNA KARINA DANS *VIVRE SA VIE* DE JEAN-LUC GODARD. PAGES SUIVANTES : CORINNE MARCHAND DANS *CLÉO DE 5 À 7*, D'AGNÈS VARDA ET J.-P. BELMONDO DANS *À BOUT DE SOUFFLE*.

vre

gereusement

squ'au bout!

LES PRODUCTIONS HAMMER FILM PRESENTENT

JEFF CHANDLER
JACK PALANCE
MARTINE CAROL

TOUT PRES

Bibliographie

Cet essai d'histoire culturelle, ce qu'en Amérique on nommerait une expérience de *Cultural studies*, s'appuie sur un travail de dépouillement de la presse, des enquêtes et des ouvrages d'époque. Que ceux qui m'ont aidé, assisté ou encouragé dans cette tâche soient chaleureusement remerciés, notamment Farid Chenoune, Madeleine Morgenstern et Thérèse Rabiller. Merci aussi à Christian Delage, Vanessa Schwartz, Thierry Frémaux, Catherine Fröchen, Suzanne Tise-Isoré, Gaëlle Lassée.

OUVRAGES GÉNÉRAUX

- Antoine de Baecque, « La Nouvelle Vague. Genèse, vie et mort d'un mouvement de cinéma », *De l'histoire au cinéma* (A. de Baecque, C. Delage éd.), Complexe, 1998.
- Ludivine Bantigny, Ivan Jablonka (sous la dir.), *Jeunesse oblige. Histoire des jeunes en France*, PUF, 2008.
- Ludivine Bantigny, *Le plus bel âge ? Jeunes et jeunesse en France de l'aube des Trente Glorieuses à la guerre d'Algérie*, Fayard, 2007.
- Raymond Borde, Freddy Buache et Jean Curtelin, *Nouvelle Vague*, Serdoc, mai 1962.
- Freddy Buache, *Le Cinéma français des années 60*, Hatier / Cinq Continents, 1987.
- Claire Clouzot, *Le Cinéma français depuis la Nouvelle Vague*, Nathan, 1962.
- Jean Douchet, *Nouvelle Vague*, Hazan, 1998.
- Jean-Luc Douin éd., *La Nouvelle Vague 25 ans après*, Éditions du Cerf, 1983.
- Jean-Michel Frodon, *L'Âge moderne du cinéma français*, Flammarion, 1995.
- Peter Graham éd., *The New Wave*, Secker & Warburg/BFI, 1968.
- Lynn A. Higgins, *New Novel, New Wave, New Politics. Fiction and Representation of History in Postwar France*, University of Nebraska Press, 1996.
- Jean-Pierre Jeancolas, *Le Cinéma français. La Ve République (1958-1978)*, Stock, 1979.
- Richard Ivan Jobs, *Riding the New Wave. Youth and the Rejuvenation of France after the Second World War*, Stanford University Press, 2007.
- André S. Labarthe, *Essai sur le jeune cinéma français*, Le Terrain Vague, 1960.
- Sébastien Le Pajolec, *Tous les garçons et les filles de leur âge. Jeunesse et cinéma en France (1953-1975)*, thèse de doctorat, Université de Paris I, 2005.
- Michel Marie, *La Nouvelle Vague*, Nathan, 1998.
- Marcel Martin, *Le Cinéma français depuis la guerre*, Edilig, 1984.
- *La Nouvelle Vague, textes et entretiens*, Antoine de Baecque et Charles Tesson éd., éditions des Cahiers du cinéma, 1999.
- *La Nouvelle Vague, et après...*, Quatrièmes rencontres Arts et Cinéma de Quimper, 1986.
- « Nouvelle Vague, une légende en question », *Cahiers du cinéma*, n° spécial hors série, 1998.
- Richard Neupert, *A History of the french New Wave*, University of Wisconsin Press, 2002.
- Jean-Loup Passek éd., *D'un cinéma l'autre. Notes sur le cinéma français des années cinquante*, Centre Georges Pompidou, 1988.
- René Prédal, *Cinquante Ans de cinéma français*, Nathan, 1996.
- Georges Sadoul, « Quelques sources du nouveau cinéma français », *Esprit*, juin 1960 (repris dans *Chroniques du cinéma français*, 10/18, 1979).
- Jacques Siclier, *Nouvelle Vague ?*, Éditions du Cerf, 1961.
- Jacques Siclier, *Le Cinéma français. 1. De La Bataille du rail à La Chinoise (1945-1968)*, Ramsay, 1990.
- Aldo Tassone, *Que reste-t-il de la Nouvelle Vague ?*, Stock, 2003.
- Roberto Turigliatto éd., *Nouvelle Vague*, Festival Internazionale Cinema Giovani, 1985.

TÉMOIGNAGES, RÉCITS, ÉCRITS, REVUES D'ÉPOQUE

- Alexandre Astruc, *Du stylo à la caméra*, Archipel, 1992.
- Chantal de Beauregard, *Georges de Beauregard*, C. Lacour éditions, 1991.
- Pierre Braunberger, *Cinémamémoire* (propos recueillis par Jacques Gerber), Centre Georges Pompidou/CNC, 1987.
- Jean-Claude Brialy, *Le Ruisseau des singes*, autobiographie, Laffont, 1979.
- *Cahiers du cinéma*, numéro spécial « Nouvelle Vague », décembre 1962.
- Claude Chabrol, *Et pourtant je tourne*, Laffont, 1976.
- *Cinéma 64*, n° 88, juillet-août 1964, « Dix ans de cinéma français ».
- Anatole Dauman, *Souvenir écran* (rassemblé par Jacques Gerber), Centre Georges Pompidou, 1989.
- Philippe D'Hugues, *Chronique buissonnière des années 50*, éditions de Fallois, 2008.
- *Jean-Luc Godard par Jean-Luc Godard*, Cahiers du cinéma, 1985 (nouvelle édition 1998).
- Jean-Luc Godard, *Introduction à une véritable histoire du cinéma*, t. I, Albatros, 1983.
- Jean Gruault, *Ce que dit l'autre*, Julliard, 1992.
- Jean-René Huguenin, *Une autre jeunesse*, Le Seuil, 1965.
- Anna Karina, *Golden City*, Olivier Orban, 1983.
- Bernadette Lafont, *La Fiancée du cinéma*, Olivier Orban, 1978.
- *Positif*, n° 46, juin 1962, « Feux sur le cinéma français ».
- Éric Rohmer, *Le Goût de la beauté*, Cahiers du cinéma, 1984.
- François Truffaut, *Les Films de ma vie*, Flammarion, 1975.
- François Truffaut, *Le Plaisir des yeux*, Cahiers du cinéma, 1987.
- François Truffaut, *Correspondance*, Hatier/Cinq Continents, 1988.
- *Le Roman de François Truffaut*, Cahiers du cinéma, 1984.
- *Le Cinéma selon François Truffaut* (Anne Gillain éd.), Flammarion, 1988.
- Roger Vadim, *Mémoire du diable*, Stock, 1975.
- Agnès Varda, *Varda par Agnès*, Cahiers du cinéma, 1994.

BARDOT

- Brigitte Bardot, *Initiales BB*, Grasset, 1996.
- Jean-Dominique Bauby, *Raoul Lévy, un aventurier du cinéma*, Jean-Claude Lattès, 1995.
- Simone de Beauvoir, « Brigitte Bardot et le syndrome de Lolita », *Esquire*, août 1959, repris dans *Les Écrits de Simone de Beauvoir* (sd. Claude Francis, Fernande Gontier), Gallimard, 1979.
- *Ciné-Revue*, 8 juillet 1955.
- Serge Daney, *Devant la recrudescence de vols de sacs à main*, Aléas, 1989.
- *Paris-Match*, 10 février 1951.
- Catherine Rihoit, *Brigitte Bardot. Un mythe français*, Olivier Orban, 1986.
- Vanessa Schwartz, « And France Created Bardot », *It's so french ! Hollywood, Paris and the Making of Cosmopolitan film Culture*, pp. 102-153, University of Chicago Press, 2007.

LES CINÉPHILES

Les quatorze premières années des *Cahiers du cinéma* et les trente premiers numéros de *Positif* ont été récemment édités en reprint, les premiers par les éditions des Cahiers du cinéma, en 14 vol., les seconds par les éditions Jean-Michel Place, en 2 vol.

Antoine de Baecque, *Les Cahiers du cinéma. Histoire d'une revue*, t. I : *À l'assaut du cinéma*, t. II : *Cinéma, tours, détours*, Cahiers du cinéma, 1991.

Antoine de Baecque, *La Cinéphilie. Invention d'un regard, histoire d'une culture (1944-1968)*, Fayard, 2003.

Antoine de Baecque et Serge Toubiana, *François Truffaut*, Gallimard, 1996.

La Critique de cinéma en France (Michel Ciment, Jacques Zimmer éd.), Ramsay, 1997.

BRIGITTE ET LES JEUNES TURCS

Arts, 12 décembre 1956.

Antoine de Baecque, « Amour des femmes, amour du cinéma », *La Cinéphilie. Invention d'un regard, histoire d'une culture (1944-1968)*, pp. 263-294, Fayard, 2003.

Cahiers du cinéma, n° 75, juillet 1957.

Jean-Luc Godard, « Bergmanorama », *Cahiers du cinéma*, n° 85, juillet 1958.

Edgar Morin, *Les Stars*, Le Seuil, 1957.

Geneviève Sellier, *La Nouvelle Vague : un cinéma au masculin singulier*, CNRS Édition, 2005.

LE MAL DES JEUNES

Ludivine Bantigny, *Le plus bel âge ? Jeunes et jeunesse en France de l'aube des Trente Glorieuses à la guerre d'Algérie*, Fayard, 2007.

Roland Barthes, *Écrits sur le théâtre*, Gallimard, coll. « Folio », 2007 (la jeunesse comme « mana », p. 240).

Pierre Bourdieu, « La "jeunesse" n'est qu'un mot », *Questions de sociologie*, éditions de Minuit, 1980.

Jean-Marie Domenach, « Démoralisation de la jeunesse », *L'Express*, 29 mars 1957.

François Fontaine, « Le mal des jeunes », *Le Monde*, 24 mars 1962.

Jeunes d'aujourd'hui, d'après le rapport d'enquête sur la jeunesse française (1966-1967), La Documentation française, 1967.

Les Jeunes en France, de 1950 à 2000. Un bilan des évolutions, INJEP, 2001 (sélection d'articles du *Monde*).

Louis Le Guillant, « Jeunes difficiles ou temps difficiles », *Le Monde*, 10 janvier 1962.

Sébastien Le Pajolec, *Tous les garçons et les filles de leur âge. Jeunesse et cinéma en France (1953-1975)*, thèse de doctorat, Université de Paris I, 2005.

Edgar Morin, « Salut les copains », *Le Monde*, 5 et 6 juillet 1963.

André Piettre, « Regards sur la jeunesse », *Le Monde*, 1er décembre 1960.

Jean-Claude Schmitt éd., *Histoire des jeunes en Occident*, Le Seuil, 1996.

Jean-François Sirinelli, *Les Babys-boomers, une génération 1945-1969*, Fayard, 2003.

Françoise Tétard, « Le phénomène des "blousons noirs" en France, fin des années 1950/début des années 60 », *Révolte et société*, Publications de la Sorbonne, mai 1988.

LES ADULTES MÈNENT L'ENQUÊTE

- *Arts*, 27 février, 8, 15 et 22 mars 1957.
- Ludivine Bantigny, *Le plus bel âge ? Jeunes et jeunesse en France de l'aube des Trente Glorieuses à la guerre d'Algérie*, Fayard, 2007.
- *Cahiers pédagogiques*, 1er décembre 1957, « Crise de la jeunesse ».
- Jean Chazal, *Déconcertante jeunesse*, PUF, 1962.
- Émile Copfermann, *La Génération des blousons noirs*, Le Seuil, 1962.
- Claude Dufrasne (sd.), *Aspects de la jeunesse. Des millions de jeunes*, éditions Cujas, 1966.
- Roger Géraud, *Jeunesse privée d'étoile*, Plon, 1962.
- Richard Ivan Jobs, *Riding the New Wave. Youth and the Rejuvenation of France after the Second World War*, Stanford University Press, 2007.
- Jean Jousselin, *Jeunesse, fait social méconnu*, Stock, 1959.
- J.-W. Lapierre et Georges Noizet, *Le Civisme des jeunes*, Ophrys, 1961.
- Michel Menu, *Nos fils de 18 ans*, Casterman, 1965.
- Jean Monod, *Les Barjots. Essai d'ethnologie des bandes de jeunes*, éditions 10/18, 1968.
- *La Nef*, mars 1955, « Jeunesse, qui es-tu ? ».
- Henri Perruchot, *La France et sa jeunesse*, Hachette, 1958.
- Jean Peyrade, *Jeunes Hommes*, Spes, 1959.
- Robert Poulet, *Contre la jeunesse*, Denoël, 1962.
- Philippe Robert, *Les Bandes d'adolescents*, éditions ouvrières, 1966.
- Jean Rousselet, *Jeunesse d'aujourd'hui*, Flammarion, 1960.
- Michel de Saint-Pierre, *La Nouvelle Race*, La Table Ronde, 1961.
- Alfred Sauvy, *La Montée des jeunes*, Le Seuil, 1959.
- Jean Vieujean, *Jeunesse aux millions de visages*, Casterman, 1961.

LE « JOURNAL DE LA NOUVELLE VAGUE »

- *L'Express*, 23 août 1957, 3 octobre 1957, 5, 12 et 19 décembre 1957, 26 juin 1958.
- Françoise Giroud, *La Nouvelle Vague. Portrait de la jeunesse*, Gallimard, 1958.
- Françoise Giroud et Jean-Jacques Servan-Schreiber, *L'Express*, Didier, 1977.

LA NOUVELLE VAGUE SERA-T-ELLE LITTÉRAIRE ?

- *Écrire*, n° 1, octobre 1956.
- Philippe Forest, *Histoire de Tel Quel*, Le Seuil, 1995.
- Françoise Giroud, « La plus solitaire des jeunes filles », préface au livre de Françoise Sagan, *Dans un mois dans un an*, Julliard, 1957.
- *Les jeunes gens en colère vous parlent*, Stock, 1958.
- *Les Lettres nouvelles*, 11 mai 1957.
- Françoise Sagan, *Avec mon meilleur souvenir*, Gallimard, 1984.
- Philippe Sollers, « Sans âge », dans *La Jeunesse témoin de son temps*, Hachette, 1960.

PREMIÈRES VAGUELETTES SUR LES ÉCRANS

- *Arts*, 20 décembre 1961.
- Antoine de Baecque, *Les Cahiers du cinéma. Histoire d'une revue*, t. I : *À l'assaut du cinéma*, Cahiers du cinéma, 1991.
- Antoine de Baecque, « Faut-il croire au court métrage ? 1955-1965 », dans Jacky Evrard et Claire Vassé éd., *Cent pour cent cours. Cent ans de court métrage français*, Côté Court, 1995.
- Pierre Braunberger, *Cinémamémoire*, Centre Georges Pompidou / CNC, 1987.
- *Cinéma 58*, n° 24, février 1958.
- *Le Court Métrage français, de 1945 à 1968. De l'âge d'or aux contrebandiers* (sd. Dominique Bluher, François Thomas), Presses universitaires de Rennes, 2005.

LE CINÉMA ET LA JEUNESSE

- Jean-Lou Alexandre, *Les Cousins des tricheurs : de la qualité française à la Nouvelle Vague*, L'Harmattan, 2005.
- Jean Chazal, « Le cinéma et la délinquance juvénile », *Revue des sciences criminelles et de droit pénal comparé*, janvier-mars 1957.
- Laurent Gervereau éd., *Les Sixties*, catalogue de l'exposition du musée d'Histoire contemporaine, Somogy, 1996.
- Jean Huguet, *Les Jeunes devant la littérature*, Laffont, 1958.
- Richard Ivan Jobs, *Riding the New Wave. Youth and the Rejuvenation of France after the Second World War*, Stanford University Press, 2007.
- Éric de Kuyper, « La cinéphilie comme un journal intime », dans les actes à paraître du colloque *L'Invention d'une culture. Une histoire de la cinéphilie (1895-1995)*, Actes Sud/Institut Lumière.
- Sébastien Le Pajolec, *Tous les garçons et les filles de leur âge. Jeunesse et cinéma en France (1953-1975)*, thèse de doctorat, université de Paris I, 2005.
- Edgar Morin, « Le cinéma, la jeunesse et le romanesque », *Cahiers pédagogiques*, 1er décembre 1957.
- Dr David Parrot, « Une identification héroïque de l'adolescent délinquant : Eddie Constantine », *Revue des sciences criminelles et de droit pénal comparé*, janvier-mars 1957.
- Evelyne Sullerot, « La "nouvelle héroïne", ou le cinéma étudié comme objet », *Artsept*, n° spécial sur l'amour, 3, octobre-décembre 1963.

LE FESTIVAL DES ENFANTS PRODIGES

- *Arts*, 22 avril 1959, 6 et 13 mai 1959.
- Antoine de Baecque et Serge Toubiana, *François Truffaut*, Gallimard, 1996.
- *Cahiers du cinéma*, n° 96, juin 1959.
- *Carrefour*, 10 juin 1959.
- *L'Express*, 23 avril 1959, 7 mai 1959.
- *Le Figaro littéraire*, 13 juin 1959.
- *France Observateur*, 4 juin 1959.
- *Les Lettres françaises*, 11 juin 1959.
- *Les Lettres nouvelles*, 17 juin 1959.
- *Le Monde*, 10 et 11 mai 1959, 10 juin 1959.
- *Les Nouvelles littéraires*, 11 juin 1959.

ESQUISSE D'UN PORTRAIT DE GROUPE

- *Arts*, 27 mai 1959.
- *Cahiers du cinéma*, n° 138, décembre 1962.
- *L'Express*, 7 mai 1959.
- *Le Figaro littéraire*, 30 mai 1959.
- *Les Lettres françaises*, 28 mai 1959, 14 janvier 1960.
- Michel Marie, *La Nouvelle Vague*, Nathan, 1998.
- Philippe Mary, *La Nouvelle Vague et le cinéma d'auteur. Socio-analyse d'une révolution artistique*, Seuil, 2006.
- *Le Monde*, 11 août 1959.
- *The Observer*, 13 mars 1960.
- Georges Sadoul, « Quelques sources du nouveau cinéma français », *Esprit*, juin 1960 (repris dans *Chroniques du cinéma français*, ed. 10/18, Paris, 1979).

UNE RÉVOLUTION DANS LE CINÉMA

- *Arts*, 23, 29 avril 1959, 2 novembre 1960.
- Alain Brassart, *Les Jeunes premiers dans le cinéma français des années soixante*, éditions du Cerf/Corlet, 2004.
- Xavier Cabannes, *Le Financement public de la production cinématographique en France*, L'Harmattan, 2006.
- *Cahiers du cinéma*, n° 138, décembre 1962.
- Jean Cléder, Gilles Mouellic, *Nouvelle Vague, nouveaux rivages : permanences du récit au cinéma (1950-1970)*, Presses universitaires de Rennes, 2001.
- *Cinéma 60*, mars 1960.
- Jean Douchet, *Nouvelle Vague*, Hazan, 1998.
- *Le Film français*, 14 mai 1958.
- *France Observateur*, 3 décembre 1959, 19 octobre 1961.
- Jean-Pierre Jeancolas, *Le Cinéma français. La Ve République (1958-1978)*, Stock, 1979.
- *Les Lettres françaises*, 10 mars 1960.
- Emmanuelle Loyer, « Malraux et le cinéma : du désir d'épopée à l'usine à rêves » *Les Intellectuels français et le cinéma, Cahiers de la Cinémathèque*, n° 70, Institut Jean Vigo, 1999, pp. 43-51.
- Michel Marie, *La Nouvelle Vague*, Nathan, 1998.
- Marc Nicolas, « Malraux donne de l'avance au cinéma, juin 1959 », *Cahiers du cinéma*, n° spécial "100 journées qui ont fait le cinéma", janvier 1995.
- « Nouvelle Vague, une légende en question », *Cahiers du cinéma*, n° spécial hors série, 1998.
- *Présence du cinéma*, juin 1959.
- *Radio Cinéma Télévision*, 4 octobre 1959.
- *Signes du temps*, décembre 1959.

UNE MYTHOLOGIE DE LA JEUNESSE

- *Arts*, 28 mars 1962.
- *Combat*, 14 et 15 avril 1962.
- Jean-Pierre Esquenazi, *Godard et la société française des années 60*, Armand Colin, 2004.
- *L'Express*, 12 avril 1962.
- *France Observateur*, 19 octobre 1961, 19 avril 1962.
- Lynn A. Higgins, *New Novel, New Wave, New Politics. Fiction and Representation of History in Postwar France*, University of Nebraska Press, 1996.
- André Labarthe, « Marienbad année zéro », *Cahiers du cinéma*, n° 123, septembre 1961.
- André Labarthe, « La chance d'être femme », *Cahiers du cinéma*, n° 125, novembre 1961.
- Sébastien Le Pajolec, *Tous les garçons et les filles de leur âge. Jeunesse et cinéma en France (1953-1975)*, thèse de doctorat, université de Paris I, 2005.
- *Les Lettres françaises*, 12 avril 1962.
- *Libération*, 26 janvier 1960.
- *Le Monde*, 18 mars 1960.
- Edgar Morin, *Le Cinéma ou l'Homme imaginaire*, Éditions de Minuit, 1956.
- *Les Nouvelles littéraires*, 25 juillet 1964.
- Kristin Ross, *Rouler plus vite, laver plus blanc. Modernisation de la France et décolonisation au tournant des années 60*, Flammarion, 2006.

LA CORRECTION PATERNELLE

Arts, 24 mars 1959, 14 novembre 1959, 23 mars 1960, 22 mars 1961.

L'Aurore, 16 novembre 1959.

Cahiers du cinéma, janvier 1962.

Cinémonde, 30 juin 1959.

L'Express, 25 février 1960, 12 mai 1960.

Jean-René Huguenin, *Une autre jeunesse*, Le Seuil, 1965.

Sébastien Le Pajolec, *Tous les garçons et les filles de leur âge. Jeunesse et cinéma en France (1953-1975)*, thèse de doctorat, Université de Paris I, 2005.

Les Lettres françaises, 28 avril 1960.

François Nourissier, *Les Chiens à fouetter*, Julliard, 1959.

Télérama, 21 janvier 1962.

ULTIMES SOUBRESAUTS

Arts, 20 décembre 1961.

France Observateur, 19 octobre 1961.

Les Lettres françaises, 3 novembre 1960.

Le Monde, 13 septembre 1960.

MALAISE FACE À L'HISTOIRE

Antoine de Baecque, « "Oh, moi, rien !" La Nouvelle Vague, la politique et l'histoire », *L'Histoire-caméra*, Gallimard, 2008.

Jean Collet, *Jean-Luc Godard*, Seghers, 1963.

Yannick Dehée, *Mythologies politiques du cinéma français, 1960-2000*, PUF, 2000.

François Dufay, *Le Soufre et le moisi. La droite littéraire après 1945*, Perrin, 2006.

Bernard Frank, « Grognards et hussards », *Les Temps modernes*, décembre 1952.

Emmanuelle Loyer, « Engagement/désengagement dans la France de l'après-guerre », in *Les Écrivains face à l'histoire* (sous la dir. d'Antoine de Baecque), éditions de la BPI du Centre Georges Pompidou, 1998.

LA MORT

L'Aurore, 30 janvier 1962, 2 février 1962.

Combat, 13 janvier 1961.

Le Figaro, 8 décembre 1960.

France Observateur, 22 décembre 1960.

Catherine Rihoit, *Brigitte Bardot. Un mythe français*, Olivier Orban, 1986.

© Flammarion, Paris, 1998, 2009
ISBN : 978 208 122 1635
Dépôt légal : mai 2009

Une première édition de ce livre était parue en 1998 chez Flammarion, dans la collection « Générations »
dirigée par Farid Chenoune, sous la direction éditoriale de Suzanne Tise-Isoré. Cette nouvelle version,
dix ans plus tard, largement augmentée et repensée dans son iconographie et sa maquette, a été
également revue et complétée dans son texte.

Coordination éditoriale : Gaëlle Lassée assistée de Maëlle Audric
Graphisme : Larry Kazal
Relecture des textes : Nathalie Sawmy
Fabrication : Murielle Meyer
Photogravure : IGS

Achevé d'imprimer
sur les presses de MKT Print en Slovénie
en avril 2009.